RESPECT《リスペクト》 2

監督の挑戦と覚悟

反町康治

信濃毎日新聞社

反町康治　松本山雅の8年

2018.11.17
J1再昇格とJ2初優勝を決め、シャーレ（優勝皿）を
高らかに掲げる＝サンプロ アルウィン

撮影：信濃毎日新聞社編集局

2012.1.7 松本山雅の監督就任会見。大月弘士社長（左・現取締役）、加藤善之ＧＭ（右・現兼副社長）と握手を交わす＝松本市内のホテル

2012.3.4

Jリーグ初参戦の松本山雅を率いて開幕戦に臨む。初陣は飾れず＝味の素スタジアム

2012.1.19 シーズンの初練習で、選手たちに声を張り上げながら指導＝松本市サッカー場

2012.1.27

信濃毎日新聞松本本社を訪れ「選手が最も力を発揮できるチームづくり」を強調。左は大月弘士社長

2013.12.26
シーズン後のトークショーで就任2年目の戦いの舞台裏や来季の展望を語る＝まつもと市民芸術館

2013.10.6
松本、富山、岐阜の３クラブがタイトルを争った「TOP OF 北アルプス」で２連覇。トロフィーを持ち笑顔＝岐阜市長良川競技場

2014.11.1 2試合を残してJ1初昇格を決め、スタッフと抱き合って喜ぶ＝福岡市レベルファイブスタジアム

2014.3.7
50歳の誕生日を前に、報道陣から贈られた誕生日ケーキのろうそくの火を吹き消す＝松本市サッカー場

2014.6.12
戦術情報などが漏れることを防ぐため練習を非公開に。練習後に報道陣の取材に応じる＝松本市サッカー場

2015.3.1
プレシーズンマッチのJ2栃木戦で、選手に大声で指示を飛ばす＝栃木県グリーンスタジアム

2015.7.4
選手、スタッフとファンクラブ会員が交流するファン感謝デーでは、自らもPK対決に参加＝アルウィン

2016.2.15
第3次キャンプで選手に指示を出す＝鹿児島市

2016.4.22 自身のコラムをまとめた初の著書『RESPECT』を手にする＝松本市かりがねサッカー場

2017.1.22 シーズン中の必勝を祈願し、選手・スタッフらと神事に臨む＝松本市・深志神社

2017.8.29
人命救助での感謝状贈呈が決まり、当時の状況について練習後に取材に応じる＝松本市かりがねサッカー場

2017.8.31
松本警察署から人命救助で感謝状を手渡され「当たり前のことをしただけ」＝松本市かりがねサッカー場

2018.11.19 県スポーツ栄誉賞を受賞。神田文之社長、加藤善之副社長、田中隼磨選手らと共に県職員や市民らの歓迎を受ける＝長野県庁

2018.5.18 「父の日」前日のホーム戦の企画チケットに毛筆で「感謝」の文字をしたためる

2018.3.8 54歳の誕生日。練習後に選手たちから大量のお湯を浴びせられる＝松本市かりがねサッカー場

2018.12.18
大相撲・御嶽海関（当時関脇、上松町出身）と対談。J2優勝記念Tシャツを手に記念撮影＝両国国技館

2018.11.17
J2優勝を決め、シャーレ（優勝皿）を神田文之社長から手渡され笑顔を見せる＝サンプロ アルウィン

2019.12.7 J1最終節、FW阪野豊史の同点ゴールが決まり、両腕と声を上げる＝サンプロアルウィン

2019.12.7
J1最終節を終え、スタンドのサポーターの激励に手を振って応える＝サンプロアルウィン

2019.12.27 トークショーで約1800人のサポーターを前に、シーズンの戦いと8年間を振り返る＝まつもと市民芸術館

2019.12.11
退任会見で報道陣から花束を贈られ、晴れやかな表情＝松本市内のホテル

反町康治×松本山雅FC　2012～2019　Jリーグの軌跡

シーズン		2012	2013	2014	2015	2016	2017	2018	2019
カテゴリ		J2			J1	J2			J1
Jリーグ公式戦	最終順位	12位	7位	2位	16位	3位	8位	優勝	17位
	勝点	59	66	83	28	84	66	77	31
	試合数	42	42	42	34	42	42	42	34
	勝	15	19	24	7	24	19	21	6
	分	14	9	11	7	12	9	14	13
	敗	13	14	7	20	6	14	7	15
	得点	46	54	65	30	62	61	54	21
	失点	43	54	35	54	32	45	34	40
	得失点差	3	0	30	−24	30	16	20	−19
	補足			J1自動昇格		昇格PO準決勝敗退		J1自動昇格	
	ホーム戦平均入場者数	9,531	11,041	12,733	16,823	13,631	12,146	13,283	17,416
	年間表彰		J2フェアプレー賞	J2フェアプレー賞	J1フェアプレー賞		J2フェアプレー賞	J2フェアプレー賞 J2優勝監督賞	J1フェアプレー賞
Jリーグ杯					1次リーグ敗退				グループステージ敗退
天皇杯		2回戦	3回戦	3回戦	ラウンド16	2回戦	ラウンド16	3回戦	2回戦

目　次

目　次

本書は信濃毎日新聞朝刊で2012年3月から原則月1回掲載してきたコラム「RESPECT」のうち、16年刊の前作収録分以降の本紙掲載分をまとめたものです（16年4月〜19年12月、40編）。本文中の人物の肩書・所属・年齢等や、出来事は紙面掲載当時のままとしました。各項末尾の日付は本紙掲載日です。また、各章扉の写真は各年シーズン中に撮影したものです（©Jリーグ）。

（編集部）

© J.LEAGUE

2016

2016シーズン　松本山雅FC戦績

J2年間順位表

順位	クラブ名	勝ち点	試合数	勝ち数	分け数	敗数	得点	失点	得失点差
1	札　幌	85	42	25	10	7	65	33	32
2	清　水	84	42	25	9	8	85	37	48
3	**松　本**	**84**	**42**	**24**	**12**	**6**	**62**	**32**	**30**
4	C大阪	78	42	23	9	10	62	46	16
5	京　都	69	42	18	15	9	50	37	13
6	岡　山	65	42	17	14	11	58	44	14
7	町　田	65	42	18	11	13	53	44	9
8	横浜FC	59	42	16	11	15	50	51	-1
9	徳　島	57	42	16	9	17	46	42	4
10	愛　媛	56	42	12	20	10	41	40	1
11	千　葉	53	42	13	14	15	52	53	-1
12	山　口	53	42	14	11	17	55	63	-8
13	水　戸	48	42	10	18	14	45	49	-4
14	山　形	47	42	11	14	17	43	49	-6
15	長　崎	47	42	10	17	15	39	51	-12
16	熊　本	46	42	12	10	20	38	53	-15
17	群　馬	45	42	11	12	19	52	66	-14
18	東京V	43	42	10	13	19	43	61	-18
19	讃　岐	43	42	10	13	19	43	62	-19
20	岐　阜	43	42	12	7	23	47	71	-24
21	金　沢	39	42	8	15	19	36	60	-24
22	北九州	38	42	8	14	20	43	64	-21

1位札幌、2位清水がJ1自動昇格。4位C大阪がJ1昇格プレーオフ決勝で勝ちJ1昇格。22位北九州はJ3自動降格、21位金沢は入替戦に勝ち残留

最終順位　3位
24勝12分6敗

得点62
(1試合平均1.48、PK得点7/9)

失点32
(1試合平均0.76、PK失点3/4)

シュート496
被シュート382

FK597 ／ CK219
反則599 ／警告55 ／退場0

明治安田生命J2リーグ

開催日	節	対戦相手	勝敗	結果	会場	勝点	順位	入場者数
2.28	1	熊　本	●	0－1	A	0	17	8,253
3.6	2	横浜FC	○	2－0	A	3	9	4,669
3.13	3	清　水	△	0－0	A	4	10	13,078
3.20	4	千　葉	●	0－1	H	4	14	17,284
3.26	5	山　口	△	3－3	H	5	12	10,895
4.3	6	長　崎	△	1－1	A	6	16	3,702
4.9	7	徳　島	○	1－0	H	9	14	10,976
4.17	8	岐　阜	○	2－0	A	12	8	6,295
4.23	9	群　馬	○	2－1	H	15	4	12,034
4.29	10	愛　媛	△	0－0	A	16	6	4,235
5.3	11	C大阪	●	0－1	H	16	7	17,302
5.7	12	東京V	○	4－0	A	19	6	8,664
5.15	13	讃　岐	△	0－0	H	20	6	11,402
5.22	14	町　田	○	1－0	H	23	6	12,462
5.29	15	金　沢	○	2－0	A	26	4	7,636
6.4	16	北九州	○	2－1	H	29	3	11,140
6.8	17	札　幌	○	3－2	H	32	2	10,796
6.12	18	岡　山	●	1－2	A	32	5	8,193
6.19	19	山　形	○	1－0	H	35	3	12,141
6.26	20	京　都	○	2－1	A	38	3	5,970
7.3	21	水　戸	○	3－2	A	41	3	5,328
7.10	22	金　沢	○	4－2	H	44	2	13,323
7.16	23	北九州	○	2－1	A	47	2	3,125
7.20	24	札　幌	●	0－1	A	47	2	12,901
7.24	25	長　崎	○	1－0	H	50	2	12,547
7.31	26	徳　島	△	2－2	A	51	2	4,642
8.7	27	水　戸	△	0－0	H	52	2	13,379
8.11	28	岐　阜	△	1－1	H	53	2	15,602
8.14	29	C大阪	○	1－0	A	56	2	13,593
8.21	30	山　口	△	0－0	A	57	2	6,408
9.11	31	京　都	○	2－0	H	60	2	12,614
9.18	32	群　馬	△	1－1	A	61	2	9,804
9.25	33	清　水	○	1－0	H	64	2	17,880
10.2	34	讃　岐	○	4－2	A	67	2	3,082
10.8	35	岡　山	△	1－1	H	68	2	12,648
10.16	36	千　葉	○	3－0	A	71	2	12,732
10.23	37	愛　媛	△	1－1	H	72	2	13,605
10.30	38	山　形	○	1－0	A	75	2	7,257
11.3	39	熊　本	○	1－0	H	78	2	13,241
11.6	40	東京V	○	2－0	H	81	2	15,343
11.12	41	町　田	●	1－2	A	81	3	9,519
11.20	42	横浜FC	○	3－2	H	84	3	19,632
J1昇格プレーオフ準決勝								
11.27		岡　山	●	1－2	H		3	12,200

第96回天皇杯

会場：アルウィン

開催日	回戦	対戦相手	勝敗	結果	入場者数
8.28	1回戦	徳山大学	○	6－0	4,561
9.3	2回戦	Honda FC	●	1－2	5,505

在籍選手

ポジション	背番号	氏名	生年月日	出身・国籍	在籍年数	前所属	J2出場数	得点
GK	1	シュミットダニエル	1992/2/3	米国	新	ロアッソ熊本	41	0
DF	3	田中　隼磨	1982/7/31	長野	3	名古屋グランパス	28	1
DF	4	飯田　真輝	1985/9/15	茨城	7	東京ヴェルディ	41	7
MF	5	岩間　雄大	1986/2/21	東京	3	V・ファーレン長崎	39	4
DF	6	安藤　淳	1984/10/8	滋賀	2	セレッソ大阪	16	0
MF	7	武井　択也	1986/1/25	栃木	新	ベガルタ仙台	25	0
FW	8	ウィリアンス	1988/5/22	ブラジル	2	バイーア（ブラジル）	10	0
FW	9	オビナ	1983/1/31	ブラジル	2	アメリカミネイロ（ブラジル）	5	0
MF	11	喜山　康平	1988/2/22	東京	5	カマタマーレ讃岐	40	0
DF	13	後藤　圭太	1986/9/8	茨城	2	ファジアーノ岡山	20	1
MF	14	パウリーニョ	1989/1/26	ブラジル	新	湘南ベルマーレ	19	3
MF	15	宮阪　政樹	1989/7/15	東京	新	モンテディオ山形	36	1
DF	16	鐡戸　裕史	1982/9/28	熊本	8	サガン鳥栖	7	0
MF	17	飯尾竜太朗	1991/1/30	兵庫	4	阪南大	18	2
DF	18	當間　建文	1989/3/21	沖縄	新	モンテディオ山形	25	1
FW	19	山本　大貴	1991/11/15	熊本	新	ベガルタ仙台	37	5
MF	20	石原　崇兆	1992/11/17	静岡	2	ファジアーノ岡山	36	4
GK	21	鈴木　智幸	1985/12/20	埼玉	2	栃木SC	0	0
MF	23	工藤　浩平	1984/8/28	千葉	2	サンフレッチェ広島	42	11
DF	24	那須川将大	1986/12/29	北海道	2	徳島ヴォルティス	20	1
GK	25	白井　裕人	1988/6/19	千葉	6	流通経済大	1	0
FW	26	ハンスンヒョン	1993/11/10	韓国	新	尚志大（韓国）	1	0
MF	27	柴田隆太朗	1992/11/25	長崎	2	拓殖大	1	0
FW	29	高崎　寛之	1986/3/17	茨城	新	鹿島アントラーズ	37	16
DF	33	安川　有	1988/5/24	福岡	新	大分トリニータ	5	0
GK	35	キローラン菜入	1992/4/7	東京	2	東京ヴェルディ	0	0
MF	37	志知　孝明	1993/12/27	岐阜	新	東海学園大在	0	0
FW	38	前田　大然	1997/10/20	大阪	新	山梨学院大附属高	9	0
FW	39	三島　康平	1987/4/15	埼玉	新	水戸ホーリーホック	15	3
FW	41	柳下　大樹	1995/8/9	埼玉	3	帝京高	0	0
MF	42	賜　正憲	1998/5/3	長野	新	2種登録、U—18所属	0	0
MF	43	杉山　俊	1998/4/26	静岡	新	2種登録、U—18所属	0	0
FW	44	小松　蓮	1998/9/10	東京	新	2種登録、U—18所属	0	0
DF	30	酒井　隆介	1988/9/7	滋賀	2	京都サンガF.C.	3	0 ※

開幕時以降の在籍選手を掲載。※は途中移籍

■知恵の出し合い――難しいJ2の戦い

松本山雅は2年ぶりにJ2で戦っているが、あらためてJ2は難しいリーグだと感じている。

当然のことだが、ペナルティーエリア内での精度はJ1の方がはるかに高い。エリア内での技量やアイデアもJ2とは全く違う。J2では、こんなシュートは入らないだろうと思うのが入ることがある。それはGKの技量にも関係している。逆に、これは決まるだろうというのを外したりとか。

J2は特徴のあるチームが多くない。特徴のないチームは、分析しても対策が立てにくいから困ってしまう。J1だと、例えばビルドアップ（攻撃の組み立て）でリスクを冒してもスタイルを押し通そうと、こだわりを持ってやっている。J2の場合はプレッシャーが強かったら長いボールを蹴って逃げることも。「え、どうして逃げるの」と思うケースもあるから分析しにくい。

Ｊ３への降格制度があり、リスクを冒しても自分たちのスタイルを押し通してやるチームが少なくなった。生き残るためには理想を捨て、現実的な戦い方をするチームが増えた。讃岐は私が知っているチームじゃないぐらいやり方を変えている。岐阜もそう。リトリート（ボールを奪われた時にいち早く自陣に戻って守備を固める）し、ラモス監督はブラジル出身とは思えない戦い方をするようになった。

Ｊ１は理想論があったら、それに見合う選手を獲得できる力がある。Ｊ２は資金力の問題もあるから、今いる選手の中で現実的な戦い方をしないといけない。理想論にとらわれず、自分たちの持ち駒をどう使うかを、よく理解している監督が多くなったとも言える。

セットプレーでは、われわれに対して用意周到に準備してくるチームが増えている。これまで対戦した長崎や徳島は、突然、選手の並びを変えてきた。こっちも前半と後半でやり方を変えてみたりとか、どんどん細かくなっている。指導者がより細かく対応するチームが多くなったこともあるが、マニアックなリーグになったという印象だ。

松本山雅のまねをするチームも多い。例えば、セットプレーの守備で「飯田、○番」とマークする選手を紙に書いてベンチから指示している。私が松本山雅に来て2年目から始め、われわれのオリジナルだったが、今はほかのチームがほぼ全部やっている。でもまねされるのはいいことだ。芸能人はまねをされたら一流と言われるから。

少し単純だった2年前よりも、相手が対策を練って準備してくるようなチームになったとも言える。松本山雅が今季、なぜやり方を変えているかと言えば、相手に対処されないようにという狙いも少なからずある。

指導者はすごく心配性だ。これをやられたらどうしようというのがいくつもあり、選手に細かく説明したいと思う。でも選手に与える情報量が多すぎると逆に混乱する。ピンポイントで注意しないといけない項目はマックスで三つに絞ることが重要だ。でもJ2には、その三つを見つけにくいほど特徴のないチームがあるから困る。

今年は試合が始まってから驚くことが特に多い。相手が布陣を変えてきたり、戦い方を変えてきたりとか、セットプレーの並びにしてもそう。それだけ松本山雅のことをよく見ているんだろう。だからこそ、その上をいくことをやらなければいけない。知恵の出し合いだ。

（4月29日）

■レスターの優勝が示した可能性

イングランド・プレミアリーグで岡崎慎司が所属するレスターが初優勝を果たした。欧州四大リーグのスペイン、ドイツ、イタリア、イングランドでは、日本以上にクラブ間で選手の年俸総額に格差がある。レスターの年俸総額75億円はプレミアリーグで下から3、4番目で、トップのチェルシーの約5分の1。そのチームが長丁場のリーグ戦を勝ち抜くのは相当に難しいことだ。

優勝の要因は二つあると思う。一つ目は予算に見合った上で、活躍できる選手を獲得したこと。二つ目はラニエリ監督のマネジメント。獲得した選手の特性などを生かせるシステムやスタイルをつくった。二つの要素が調和して化学反応を起こしたいい例だ。

選手の獲得は、スカウト責任者のウォルシュ助監督の功績が大きい。限られた予算の中で、いい選手をピンポイントで獲得するのは非常に難しい作業。チェルシーでもスカウトを担当していたウォルシュは、無名でも活躍できる選手を探して連れてきた。

私が知っていた選手は2、3人しかいなかった。試合を見てびっくりしたのは、今季加入したボランチのカンテ。ボール奪取力があり、最後まで足が止まらないプレーには久々に感動した。FWバーディーは1本のパスから決める決定力がある。

私がアルビレックス新潟の監督をしていた時、当時スペインのバレンシアCFで監督だったラニエリとプレシーズンマッチを行ったことがある。ラニエリはチェルシーなどの強豪クラブを率いても成績を残せなかったが、人柄が良くて、話が面白いから人気があった。選手の発言力が強いチェルシーとは違い、レスターではラニエリの人柄やクラブの規模などがうまくマッチしたのではないか。

レスターの優勝には驚いたが、見ていて納得できると思った。適材適所の選手が生き生きとプレーし、それに見合う戦術があったからだ。だが、レスターの選手がほかのクラブに行っても活躍できるかは分からない。

マンチェスター・ユナイテッド、チェルシー、アーセナル、マンチェスターCの4強は、いつも通りやればレスターに勝てるという慢心があったのではないか。5バックにするとか、引いて守るとか対策を取っていなかった。それがプレミアのチームの意地かもしれないが。

日本では柏レイソルやガンバ大阪がJ2からJ1に上がったシーズンに優勝している。今季はJ1復帰の大宮アルディージャが上位にいるが、こうしたクラブは大企業がバックについて経済的にしっかりしているから、昇格直後でもチャンスがある。

松本山雅がＪ２からＪ１に上がった時はどうかと言うと、悲しい話だが、金銭的な問題が大きかった。Ｊリーグで人件費が最も高いのが浦和レッズで松本山雅はその３分の１。レスターのように松本山雅にも富豪のオーナーがつけばＪ１優勝の可能性が高くなるが……。

いずれにしてもレスターの優勝は、どんなクラブにもチャンスがあるという夢や希望を与えてくれた。松本山雅のＪ１昇格もそうだったのかもしれない。親会社を持たないクラブがＪ２参入から３年で昇格を決めたことは、どのクラブにも可能性があることを示した。

松本山雅にもＪ１優勝の可能性があると言わなければならない。レスターがそうなったのだから。可能性がある限りは、希望を持って戦っていくことが大切だ。

（５月27日）

■コーチ陣——同じ方向を向いて役割分担

（Jリーグ監督に必要な）日本サッカー協会のS級ライセンスを取得する時、監督として注意しなければいけない事の一つに、「コーチに気をつけろ」と教わる。コーチが勝手にいろいろなことを始めて、チームを混乱させてしまうケースがあるからだ。

監督は全ての責任を負って先陣を切ってやるが、コーチの立ち位置は違う。それぞれ自分のサッカー観があり、前のクラブでやってきたこともある。だからと言って、コーチが好きなことを始めたらチームは崩壊してしまう。コーチングスタッフは同じ方向を向いて動かないといけない。

松本山雅は今年、コーチが3人代わり、田坂、兼村、中川が入った。監督が同じなら、そのまま同じスタッフで継続してやろうというのが普通だから斬新とも言える。私はコーチの人選にはあまりこだわらない。松本山雅の監督になる時に誰も連れてきていない。フィジカルコーチがいなかったので、（旧知の）エルシオに来てもらっただけだ。

コーチの役目の一つは、チーム内のバランスを取ることだ。監督が選手に近づいて話さないタイプなら、コーチは選手に近づいて話せる人がいい。監督が選手とよく話をするタイプなら、コーチはきつい事を言える人がいいと思う。それはチームそれぞれである。

練習でも同じことが言える。私がディフェンスにフォーカスしている時は、田坂が攻撃を見る。攻撃にフォーカスしている時はその逆になる。私は全員の動きを見られるわけじゃないので、お互いに目線を変えたり、役割分担をしたりしている。

コーチは、監督の言うことを「そうですね」と言っているだけのイエスマンでは駄目だ。だから思った事をちゃんと言ってほしいと言っている。試合中の選手交代では、私と田坂の意見が違い、最終的に田坂の意見がいいと判断した事もある。セットプレーの守備を考え、ＧＫコーチの中川にも選手交代でミスマッチが起きないかを必ず聞いている。分析担当の兼村には、スタンドからピッチを見渡してもらい、問題点の指摘を受けて修正する。

対戦相手の分析も役割分担している。相手のセットプレーの攻撃は中川、攻撃と守備のオープンプレーは私と兼村、相手のセットプレーの守備は田坂が見る。この作業がすごく大変だ。私は相手の直近3試合を見てから去年の得点シーンを点検し、さらにダイジェスト版で今季の全試合を見る。コーチの2人は今季のセットプレー全場面と昨年以前のセットプレーを見て検証する。

それぞれが集めた映像をピックアップすると1時間ぐらいになる。ここからさらに必要な映像、不要な映像を話し合って整理し、試合前に選手に見せる20分ぐらいの映像にする。それは気の遠くなる仕事。例えば5分の映像をつくるのに50時間ぐらいかかる。

田坂は試合が終わった後、自分たちのフィードバック用の映像も担当する。映像を見ながら私と話をして良かったことや悪かったことなどが分かるようにして編集し、選手に見せている。

松本山雅のスタッフは、コーチ、ドクター、トレーナー含めて皆がまじめでしっかりやってくれるから感謝している。足を引っ張る人間はいないし、水漏れするような所もない。コーチから学ぶこともたくさんあり、それをうれしく思っている。

（6月24日）

■ゴール判定システムの導入に期待する

国際サッカー評議会のルール改定に伴い、国内でも新しい競技規則の適用が始まった。J2では7月3日の第21節から新ルールになった。

まずはキックオフを見てもらえば分かるが、従来はボールを前に蹴らないといけなかったのが、どこへ蹴っても良くなった。これまでセンターサークルに2人いたのが1人しかいなくなり、バックパスから試合が始まることが多くなった。

新ルールで影響が大きいのはゴールキーパーかもしれない。PKの時、キッカーが助走して蹴ろうとした時にゴールラインから少しでも前に出て阻止するとイエローカードになる。ペナルティーエリア内の決定機阻止では、ボールにチャレンジしていれば、レッドカード（一発退場）ではなく、イエローカードに緩和された。

細かい事を含めれば変更点はたくさんあるが、現場に直接関わることは多くない。例えば、ブラジルではトレーナーがピッチに入ってシュートを防ぐという日本ではあり得ないことが起き、その罰則も変わったが、われわれには関係ないことだ。


国際ルールの変更とは別に、7月から試合中に無線が使えなくなった。J2の試合でも監督が耳に無線を付けているチームがあった。ピッチの外にいる関係者が、試合中に相手の動きを分析し、監督と連絡を取り合いながら選手に指示を出していた。それができなくなった。

その影響を受けているチームはあると思う。7月から負けが増えたのは、その影響だと言われるチームもある。松本山雅にはあまり影響はない。うちは田坂コーチが無線で交信していたが、私は見れば分かると思っていたので、無線を持つのは好きではなかった。

ただ、選手がピッチ内で負傷した時の対応が不便だ。無線を持ったトレーナーと交信して詳しい状況を聞き、プレー続行の可否を判断するには便利だった。今は腕で「○」や「×」などのサインを出さなければならず、テレビの画面上はいいものではない。

今後、変わるかどうか注目しているのがゴールテクノロジーの部分だ。ワールドカップ（W杯）やイングランド・プレミアリーグなどではゴールを判定するシステムが導入され、シュートが入ったかどうかがすぐに分かるようになっている。

Jリーグでもゴールに入ったか否かの際どいプレーはたくさんあり、判定がすっきりしないことがある。ベンチにいると余計に分かりづらい。そういうことが頻繁にあると、日本のテクノロジーはどうなっているんだということになる。

ゴール判定員とか第5の審判とかを試験的につけている試合もあるが、ゴール判定員だって間違えることはある。主審との意見の相違とかも出てくる。白黒をはっきりさせるにはゴール判定システムを導入すればいいが、問題はお金。一つのスタジアムに設置するには高額なため無理だということになる。

バレーボールなどのようにビデオで確認してくれということになれば、中断時間が長くなってサッカーではなくなる。ゴールか否かの判断はとても大きな部分だから、私はゴール判定システムの導入は賛成派だ。いずれにせよ、サッカーに関わる多くの人が判断に納得する仕組み作りが見直されている時期ではなかろうか。

（7月29日）

■サッカー文化の浸透はこれから

長野県に初のJリーグチームが誕生して5年目を迎えた。最初はJ２はどんなリーグなんだろうと興味本位だった人が多かったと思う。その中で松本山雅がもがきながらも頑張る姿を見て楽しんでいたのではないか。

そのうち力をつけてくると「お、やるじゃん」と思ってもらえた。少しずつ欲が出てきて見に来てくれる人が増え、そういう塊が大きくなり、J１に上がった。今度はJ１に対して興味を持ち、すごいリーグなんだと皆が肌で感じてくれたのではないか。

J２に降格した今年のスタンスは少し難しいが、敵地で行った14日のC大阪戦で松本山雅のサポーターが２０００人も来てくれたことには正直驚いた。夏休み中は練習試合でもたくさんの人が見に来てくれるし、平日の練習でもそう。

チームスローガン「One《ワン》 Soul《ソウル》」のもとに松本山雅ファミリーとなり、うれしい時は一緒に笑えるし、つらい時は一緒に泣く。運営会社も含め、われわれのチームに関わる人たちが一心同体になっているなと肌で感じる。そういうチームは他にありそうでない。

選手も言っているが、松本山雅のファンやサポーターは良くも悪くもやさしい。それが悪いとは思わない。J1で成績が悪かった去年は「監督やめろ」と言われてもおかしくない状況だった。クラブによっては、スタジアムに居座って抗議するだろう。でもうちはそういう感じにはならない。逆に食事がのどを通らず、責任を感じていた私の体を心配してくれる人が多かった。

苦しい時に助けてくれるのが本当のファミリー。まさにこのクラブはそういうクラブだと思う。それはわれわれのいい所であり、悪い所ではない。人によっては甘やかしていると言うかもしれないが、われわれらしくていいのかなと、私は感じている。

ただ、それに甘んじて手を抜こうとは決して思っていない。対戦したチームから松本山雅は隙がないと言われるが、それはわれわれが努力している結果だ。スタッフを含め、一切の隙を与えないように練習している。「グラウンドでは逃げ場はないぞ」と言って取り組んでいる。

松本のサッカー文化は、今ほど成熟していなかった。例えば、私が育った静岡市では市内の学校が全国高校選手権で何回も優勝している。でも長野県の高校は1回戦で負けることが多く、3回戦まで進めば大騒ぎになるのではないか。

そうした中で、スポンサーの支えもあって松本山雅が頭角を現し、地方のクラブから成長してきた。ジュニアユースやユースなどの育成組織も、長野県のレベルを押し上げられるようになった。今では各年代のチームが県内でほとんど1位になり、全国大会にも出ている。5年のスパンでそれだけ変わるのは大変な作業だ。

サッカー文化の浸透度では、まだ入り口部分だと思う。サッカーがもっと身近なものになれば、ファンやサポーターの見る目も厳しくなるだろうし、メディアもそうなるだろう。成績が悪ければなおさらだ。これからクラブが長く存続していく中で、サッカー文化の浸透度が高まり、ファンやサポーターの批判が多くなる時があっても、同じスタンスで応援してくれるのが松本山雅の良さだと思っている。監督目線で言えば、育成組織の選手がトップチームに上がってきた時が、サッカー文化が根付き始める第一歩かなと思う。

（8月26日）

■選手スカウトで大事な四つの観点

今年の夏休み期間中に約10人の大学生が松本山雅の練習に参加した。プロになれる見込みが全くない選手が来ても困るから精査しているが、クラブの方針で松本山雅は練習参加の受け入れをオープンにしている。いい選手がいれば、契約する。今年は岡佳樹（桃山学院大）の来季加入が内定した。

若手育成に定評があるオランダのアヤックスは、選手のスカウトで「ＴＩＰＳ」（チップス）と呼ばれる四つの観点を大事にしている。Ｔはテクニック（技術）、Ｉはインテリジェンス（頭脳）、Ｐはパーソナリティー（人格）、Ｓはスピード。スピードは単純に走る速さではなく、シンキングスピード（判断の速さ）も含める。私もこの見方に賛成だ。

湘南の監督をしていた時、帝京第三高校（山梨）の３年生３人が夏休みに練習参加した。そのうちの１人で、どこのクラブもノーマークだった選手を見てびっくりした。サッカーセンスが良くてスピードもある。左右両足でボールを蹴れるテクニックがあった。私は１日目に「すぐに契約しろ」とクラブに言った。それが亀川諒史（福岡）だ。

本人は高校でサッカーをやめて料理人になるつもりだったらしい。私は「ちょっと待て。料理人はいつでもできる。おまえは一流になれるぞ」と言った。私が感じた通りで、亀川は今夏のリオデジャネイロ五輪に出場した。

湘南時代にもう一つ例がある。夏休みで関東遠征に来ていた大阪学院大と練習試合をした時、すごくいい選手がいた。4年生だったので、既に加入するクラブが決まっているだろうと思って聞いたら、まだ決まっていなかった。しばらく練習に参加してほしいと伝え、契約を決めた。それが大槻周平（湘南）だ。自分たちの目で確かめることは重要だ。

ただ、パーソナリティーだけは練習に参加しただけでは把握できない。まじめだと思った選手が、入ってきて努力しない選手だったということもある。けがを抱えている選手もいる。所属先の指導者に聞けば分かることだが、契約で不利になるから本当の事を言わない人もいる。

パーソナリティーにはけがに強いか弱いかも含まれている。例えば田中隼磨はけがに強い。その理由は自己管理がしっかりしているからだ。誰よりも早く練習場に来て準備をしている。そういう努力ができることを含めてのパーソナリティーだ。

松本山雅の練習に参加した選手で、残念ながら私がびっくりするような選手は過去にさかのぼってもいなかった。これまで練習参加で獲得した選手が、松本山雅にずっと居残っているケースがほとんどないのも現状だ。

松本山雅には今年、高卒の前田大然が入った。彼はTIPSで言うと、最後のSが優れている一芸に秀でた選手だ。同じように高卒で広島に入った浅野拓磨（シュツットガルト）と同じスピードがある。浅野も1年目はほとんど試合に出られなかったが、今ではヨーロッパのクラブに所属する。

大事なことはチームに入ってから何ができるかだ。前田は自分のスピードを生かすにはどうすればいいか頭を働かせ、技術を磨くように努力することが必要だ。残念だが、まだ私が求めるような努力が足りないと感じている。何度も言っているが、指導者は水飲み場まで馬を連れて行けるが、水を飲むかは馬次第だ。

（9月30日）

■われわれのリズムを最後まで貫く

今季も残り5試合となった。松本山雅は自動昇格圏内の2位におり、最後の段階まで明るい希望が持てていることを喜ばないといけない。それは何回も言っているが、スポンサー、サポーター、運営会社などを含めて努力した結果であると思っている。

選手には隙を見せないよう求めているのと同じように、われわれスタッフも隙を見せずに努力してやってきた成果でもある。でも本当に大事なのはこれから。より一層努力して最後の1ヵ月をやり抜かないといけない。

今季の松本山雅のように、J1から降格して1年目のチームは、いろんな意味で本当に難しい。同じことを繰り返していては駄目だという前提がある。J1にいたことで周囲の期待値や、選手への要求も高くなってしまう。そのため、なかなか思い通りにいかないことがある。

湘南の監督時代、J2に降格した2011年はチームの色を変えて戦おうと思ったが、うまくいかなかった（最終的に14位）。松本山雅と同じように降格した今季の山形は、4バックにするなど色を変えてやっているが、結果に結び付いていない。

われわれは今季のチームをつくる最初の段階で、大きく変えるかどうかを精査し、残すところと変革していく部分を明確にした。具体的には、守備の部分は昨年までのやり方とあまり変えず、攻撃はこれまでのものを壊して作り直した。新しく入った選手を含め、ボールをしっかり動かせる選手が増えたこともあるからだ。

シーズン前の練習では守備と攻撃の割合が4対6ぐらいになった。昨季までは6対4か7対3。自分たちで主体的に崩していく攻撃の練習をやってきた。シーズン最初はうまくいかないこともあったが、試合ごとに課題を見つめ直し、少しずつ、やってきたことが形となって表れてきた。

最近は工藤がペナルティーエリアに入る回数が多くなっている。それはビルドアップ（攻撃の組み立て）のやり方が上達し、そこまでボールを運ぶ回数が増えたからだ。そうすれば当然、点に結び付くようになる。

結果がついてくると、やっていることへの信頼感や自信が生まれてくる。われわれのいいところは、それが過信にならないこと。それは妥協のない厳しい練習をしているからだ。さらに新たなチャレンジを求めるなど、要求をどんどん高くしてきた。

シーズン途中でピンポイントの補強をしてくれたクラブの努力にも感謝している。オビナがけがでめどが立たなくなった時に高崎を獲得し、少し層が薄かったボランチにはパウリーニョが入った。三島も加わった。補強がうまくいったと言えるシーズンでもある。

われわれには反骨心があった方がいい。清水やC大阪のように経済力があって個々の能力が高い選手がそろうチームとは違う。おらが街のチームが、それらを上回ろうと努力してきた。アウェーにもたくさんのサポーターが駆けつけて応援してくれるのはわれわれわれの大きなエネルギーになっている。

これからも次の試合に集中して勝ち点3を目指していくしかない。そのためには内容が伴わないと結果は出ない。ここまで構築してきたプレーのスピードをさらに上げるなど、ぶれずに自信を持ってやっていけるかどうかだ。守りに入るのではなく、これからもチャレンジする。

プレッシャーも懸かってくるが、うちの選手は大丈夫と信じている。周りに左右されることなく今まで通り、われわれのリズムで準備し、われわれのリズムで試合をしていくことしかできない。それがすごく大事なことだ。

（10月28日）

■勝ち点84の誇りを捨て、一発勝負に挑む

今季のリーグ戦が終わり、松本山雅は24勝12分け6敗で勝ち点84の3位だった。試合数(42)×2の勝ち点を取れば、J1に自動昇格できるのが当たり前だと思っていたので、3位に終わったことにはちょっと驚いた。勝ち点をこれだけ取れたことは誇りでもあるが、プレーオフはそんな誇りを一切捨ててやらないといけない。

リーグ戦の最後までもつれた自動昇格争いは、いい意味での緊張感があったし、刺激的でもあった。ただ、いろいろな意味で頭を使わないといけないから、本当に神経がすり減るような思いだ。

新潟と湘南の監督時代にも最終節までもつれたJ1昇格争いを経験している。2003年の新潟の時は、初めての昇格争いだったので余裕がなく、あまり思い出せないぐらい入り込んでいた。自分たちのことばかりになり、ほかの状況を考えられ

なかった。

09年の湘南の時は、勝ち点1差で4位の甲府と最終節で自動昇格（3位以上）を争った。湘南は前半の早い時間で水戸に0―2とされ、甲府は熊本から2点を取っていた。その時は開き直りのような心境。湘南はそこから前半で2点を返し、最後は逆転勝ちした。

その試合で2点取ったのが、松本山雅で昨年プレーした阿部吉朗だ。絶好調だった選手が前日になってインフルエンザにかかり、急にメンバーを変えないといけなくなった。その代わりが阿部で、けがの功名と言うのか。だからサッカーは面白い。

昇格争いは、ゲーム中にいろいろな状況をその都度判断して指揮を執らないといけない。20日の最終節は0―1で前半を折り返したら、後半の入りからメンバーや選手の並びを変えようと思っていた。いろいろ考えていた矢先の前半ロスタイムにPKとなり、追いついた。

前日の非公開練習では、松本山雅が2―0でリードし、札幌が0―1で負けているケースも想定し、勝っていてもFKやCKで196センチのGKシュミットをゴール前に上げて点を取る練習をした。得失点差で札幌を逆転するためだ。

ミーティングでは年間順位が決まる方法も説明した。勝ち点、得失点差、総得点数で並んだら、次は何で決めるかを質問したが、選手は分かっているようで分かっていなかった。全部説明し、試合中にいろいろと状況が変わるので、指示を仰げと言った。こちらの結果はもちろん大事だが、昇格争いの相手がどんな状況かも考えて戦い方を変えていかないといけなかった。

残念ながら自動昇格にあと一歩届かなかったが、リーグ戦の最後に9連勝した清水を褒めるしかない。優勝した札幌は外国人の補強が成功した。チーム編成がうまくいったいい例だ。エースストライカーの存在とGKの良しあしが成績を大きく左右するが、今季のJ2はそれが顕著に出たのではないか。

最下位の北九州が勝ち点38だから、上と下のチームの間で思った以上に格差のあるリーグになった。ただ、実際に対戦した時はそんな感じは全然しなかった。全体的にインテンシティー（プレーの激しさ）を強く押し出してくるチームが増えた。そのためＰＫの数も多くなったと思う。
一発勝負のプレーオフは別の大会だ。リーグ戦で3位だからと言って勝ち上がれるわけではないし、実際に3位のチームがうまくいかなかったことが多い。本当に心の強い選手じゃないと戦えないし、隙を見せたらやられる。緊張にも打ち勝たないといけない。残された道は頑張るしかないということだ。

（11月25日）

2017

2017

2017シーズン　松本山雅FC戦績

J2年間順位表

順位	クラブ名	勝ち点	試合数	勝ち数	分け数	敗数	得点	失点	得失点差
1	湘　南	83	42	24	11	7	58	36	22
2	長　崎	80	42	24	8	10	59	41	18
3	名古屋	75	42	23	6	13	85	65	20
4	福　岡	74	42	21	11	10	54	36	18
5	東京V	70	42	20	10	12	64	49	15
6	千　葉	68	42	20	8	14	70	58	12
7	徳　島	67	42	18	13	11	71	45	26
8	**松　本**	**66**	**42**	**19**	**9**	**14**	**61**	**45**	**16**
9	大　分	64	42	17	13	12	58	50	8
10	横浜FC	63	42	17	12	13	60	49	11
11	山　形	59	42	14	17	11	45	47	-2
12	京　都	57	42	14	15	13	55	47	8
13	岡　山	55	42	13	16	13	44	49	-5
14	水　戸	54	42	14	12	16	45	48	-3
15	愛　媛	51	42	14	9	19	54	68	-14
16	町　田	50	42	11	17	14	53	53	0
17	金　沢	49	42	13	10	19	49	67	-18
18	岐　阜	46	42	11	13	18	56	68	-12
19	讃　岐	38	42	8	14	20	41	61	-20
20	山　口	38	42	11	5	26	48	69	-21
21	熊　本	37	42	9	10	23	36	59	-23
22	群　馬	20	42	5	5	32	32	88	-56

1位湘南、2位長崎が自動昇格、3～6位による昇格プレーオフで名古屋がJ1復帰。21位熊本、22位群馬がJ3降格。

最終順位　8位
19勝9分14敗

得点61
(1試合平均1.45、PK得点8/10)

失点45
(1試合平均1.07、PK失点1/1)

シュート458
被シュート405

FK616／CK211
反則560／警告38／退場1

明治安田生命 J2リーグ

開催日	節	対戦相手	勝敗	結果	会場	勝点	順位	入場者数
2.26	1	横浜FC	●	0－1	A	0	16	13,244
3.5	2	愛　媛	△	0－0	A	1	19	3,645
3.12	3	岐　阜	○	1－0	A	4	13	9,044
3.19	4	千　葉	○	3－1	H	7	7	15,688
3.26	5	名古屋	●	1－2	H	7	10	15,509
4.1	6	徳　島	○	2－0	A	10	8	4,782
4.8	7	長　崎	○	3－0	H	13	5	11,215
4.16	8	熊　本	●	0－2	A	13	7	13,990
4.22	9	京　都	△	1－1	A	14	8	7,625
4.29	10	讃　岐	○	4－0	H	17	6	12,696
5.3	11	大　分	△	0－0	A	18	7	8,415
5.7	12	福　岡	●	0－1	H	18	9	13,792
5.13	13	町　田	△	1－1	H	19	10	9,389
5.17	14	山　形	●	0－1	A	19	10	5,206
5.21	15	湘　南	●	1－2	H	19	14	13,343
5.28	16	金　沢	○	4－0	A	22	12	5,892
6.4	17	東京V	△	1－1	H	23	13	12,527
6.11	18	水　戸	●	0－1	H	23	15	11,004
6.18	19	群　馬	○	2－0	A	26	12	6,828
6.25	20	岡　山	△	1－1	H	27	12	10,094
7.1	21	山　口	○	2－1	A	30	12	5,892
7.8	22	横浜FC	○	3－1	H	33	8	12,526
7.15	23	長　崎	●	0－1	A	33	11	5,662
7.22	24	愛　媛	○	2－1	H	36	8	11,222
7.29	25	金　沢	○	4－0	H	39	8	11,001
8.5	26	湘　南	●	1－2	A	39	9	9,088
8.12	27	名古屋	●	2－5	A	39	13	31,481
8.16	28	山　形	○	3－2	H	42	8	12,146
8.20	29	岡　山	△	0－0	A	43	8	10,373
8.26	30	町　田	○	2－1	A	46	8	4,762
9.2	31	徳　島	○	3－1	H	49	7	14,661
9.10	32	東京V	○	2－1	A	52	5	9,214
9.16	33	群　馬	○	3－0	H	55	4	10,320
9.24	34	山　口	●	2－3	H	55	6	12,817
9.30	35	水　戸	○	1－0	A	58	5	7,602
10.7	36	熊　本	○	1－0	H	61	5	11,026
10.14	37	千　葉	●	1－5	A	61	5	11,743
10.21	38	大　分	●	0－2	H	61	7	9,246
10.29	39	岐　阜	○	2－1	H	64	5	8,982
11.5	40	讃　岐	△	1－1	A	65	5	3,977
11.11	41	福　岡	△	1－1	A	66	7	14,802
11.19	42	京　都	●	0－1	H	66	8	15,872

第97回天皇杯

会場：アルウィン

開催日	回戦	対戦相手	勝敗	結果	入場者数
6.21	2回戦	MD長崎	○	4－0	3,368
7.12	3回戦	J1鳥栖	○	2－1	5,037
9.20	ラウンド16	J1神戸	●	0－2	6,721

在籍選手

ポジション	背番号	氏名	生年月日	出身・国籍	在籍年数	前所属	J2出場数	得点	
GK	1	藤嶋　栄介	1992/1/31	熊　本	新	ジェフユナイテッド千葉	0	0	
DF	3	田中　隼磨	1982/7/31	長　野	4		40	1	
DF	4	飯田　真輝	1985/9/15	茨　城	8		41	3	
MF	5	岩間　雄大	1986/2/21	東　京	4		38	2	
DF	6	安藤　　淳	1984/10/8	滋　賀	3		11	0	
MF	7	武井　択也	1986/1/25	栃　木	2		13	0	
MF	8	セルジーニョ	1990/12/3	ブラジル	新	セアラーSC（ブラジル）	27	3	
FW	9	高崎　寛之	1986/3/17	茨　城	2		41	19	
MF	10	工藤　浩平	1984/8/28	千　葉	3		41	8	
FW	11	三島　康平	1987/4/15	埼　玉	2		18	0	
DF	13	後藤　圭太	1986/9/8	茨　城	3		20	1	
MF	14	パウリーニョ	1989/1/26	ブラジル	2		34	4	
MF	15	宮阪　政樹	1989/7/15	東　京	2		23	3	
GK	16	村山　智彦	1987/8/22	千　葉	新	湘南ベルマーレ	28	0	
DF	17	ジ　エ　ゴ	1995/9/21	ブラジル	新	ジョインビレEC（ブラジル）	4	0	
DF	18	當間　建文	1989/3/21	沖　縄	2		20	1	
FW	19	山本　大貴	1991/11/15	熊　本	2		31	3	
MF	20	石原　崇兆	1992/11/17	静　岡	3		37	7	
GK	21	鈴木　智幸	1985/12/20	埼　玉	3		14	0	
DF	22	星原　健太	1988/5/1	大　阪	新	ギラヴァンツ北九州	1	0	
MF	23	岡本　知剛	1990/6/29	広　島	新	湘南ベルマーレ	5	0	
DF	24	那須川将大	1986/12/29	北海道	3		6	0	
FW	26	岡　　佳樹	1994/4/26	大　阪	新	桃山学院大	4	0	
MF	27	柴田隆太朗	1992/11/25	長　崎	3		0	0	
DF	28	谷奥健四郎	1992/5/28	三　重	新	アスルクラロ沼津	0	0	
DF	29	下川　陽太	1995/9/7	大　阪	特指	大阪商業大在	8	0	
GK	30	ゴドンミン	1999/1/12	韓　国	新	大倫高（韓国）	0	0	
DF	31	橋内　優也	1987/7/13	滋　賀	新	徳島ヴォルティス	41	1	
DF	33	安川　　有	1988/5/24	福　岡	2		21	4	
FW	39	ダ　ヴ　ィ	1984/3/10	ブラジル	新	ヴァンフォーレ甲府	3	0	
DF	44	宮地　元貴	1994/4/17	静　岡	新	名古屋グランパス	0	0	
FW	50	鈴木　武蔵	1994/2/11	ジャマイカ	新	アルビレックス新潟	9	0	
MF	34	竹内　瑛亮	2001/6/29	長　野	新	2種登録、U-18所属	0	0	
DF	2	ヨソンヘ	1987/8/6	韓　国	新	慶南FC（韓国）	1	0	※
MF	25	志知　孝明	1993/12/27	岐　阜	2	東海学園大	6	0	※

開幕時以降の在籍選手を掲載。「特指」は特別指定選手。新加入選手以外の前所属は省略。※は途中移籍

■より強いチームへ――自問自答

２０１６年の松本山雅はＪ１昇格プレーオフの初戦で岡山に敗れてシーズンが終わった。クラブにとって初となったプレーオフの経験は今後に生かさないといけない。

岡山とは勝ち点が19も離れていたので、すごく複雑な心境がある。ただ、私はプレーオフ制度に反対ではない。（３位以上が自動昇格なら）最終節までに３位以上が決まってしまうと興味が失われるが、プレーオフがあることでチームのモチベーションの維持につながる。お客さんを呼べてクラブの収入が増えるし、注目度も上がる。いろんなことを考えればプラス材料の方が多い。

その一方で、いろいろな抜け道もある。われわれは最終節まで自動昇格があるか否かの状況だったので常に全力だった。プレーオフ圏内（６位以上）に入って最終節が消化試合になるようなチームは、戦力を落としてプレーオフに向けて準備することが可能だ。けがを抱えている選手を休ませたり、警告累積の出場停止や一発退場を避けたりする試合もできる。

プレーオフで敗れた当事者となり、サポーターなど周囲からはこの制度に疑問の声も出ている。その気持ちは分かるが、私自身は反論しない。なぜなら自分たちがリーグ戦で勝ち点をもう1点でも多く取っていればJ1に昇格できたし、プレーオフに勝っていれば良かっただけの話。結局、自分と自分たちを責めるしかない。

17年もチームの指揮を執ることが決まった時、私は「いばらの道になる」と話した。勝ち点84を取った昨年は、やってきたことは間違っていなかったし、自信を持っていいと思っている。それでも何かが足りなかった。それを見つけてから埋めていく力が、果たして私やクラブにあるのかと感じていたからだ。

足りない部分がすぐに見つかれば、いばらの道ではない。戦術的な問題なのか、選手の質の問題なのか。けが人が多かったが、けが人をつくったのがわれわれの問題だと考えれば、そこを解決すればいいかもしれないし。新しいスタッフのアイデアを取り入れることで状況が変わるかもしれない。いろいろと模索しているところだ。

一番の解決策は、資金を増額して、いい選手を獲得することかもしれない。ただ、サポーターなど周囲が考えているほど、松本山雅は選手からの人気が高くないことを認識してもらいたい。正直言ってチーム編成には苦労している。

松本山雅は若返りを図ろうと思っても難しい。これまで育成組織から上がってくる選手がいないし、今年加入する新卒選手は現在1人。まだ今年のチームづくりのイメージは浮かんでこないが、一つ言えることは去年よりも強いチームをつくらないといけないということ。どうすれば強くなれるか、自問自答している最中だ。

今年の期待値は去年よりも高くなる。言い方を変えると、J1に自動昇格できる1位か2位じゃないと済まされない。名古屋、湘南、福岡がJ1から降格してきて一段と厳しい争いになる。J2にも優秀な指導者が増えている。だから大変だ。

毎年毎年が勝負で、ゆっくり腰を据えてやろうという考えはない。いつかJ1に上がれるだろうという未来的な思考も持っていない。サポーターが優しくしてくれるからといって、甘んじるようになっては駄目だ。

（1月1日）

■日本代表——足元をしっかり見つめて

ワールドカップ（W杯）ロシア大会の出場を目指す日本代表は今年、アジア最終予選の後半5試合に臨む。これまでの試合を見て感じていることは、日本のサッカーがこれからどういう方向に向かっていくのかが、少し不透明になっているということだ。

昔は攻守の切り替えの速さだったりコレクティブ（組織的）な攻撃だったりが、日本の特長であり、世界やアジアの中で秀でていた。でも今はそういうことが当たり前の時代になっている。日本の特長は、正直言ってなくなってきたというのを認めないといけない。

香川真司（ドルトムント）や清武弘嗣（セビリア）らのように、日本の選手は空間認知にすごくたけている。ショートパスでボールを動かし、相手の嫌がる所で受けたり、嫌がる所に出したりできる選手がたくさんいる。でもスペインがこうしたスタイルで一世を風靡《ふうび》し、それが世界のトレンド（流行）になって、日本独自のカラーと言えなくなっている。

昔は優劣の優の部分がすごく目立っていたが、今は劣の部分が目立ち始めている。それは日本のインテンシティー（プレーの強度）があまり高くないということだ。

Jリーグ全体を見渡すと、中盤、特に前線のプレッシャーがまだ緩い。最後の所で抑えればいいといったディフェンスをするチームが多い。攻撃は最後の所で数的優位をつくらなくても個人に任せて決めればいいという風潮もある。日本ではそれで良しとされるが、海外は良しではない。

インググランドのプレミアリーグやイタリアのセリエAなど海外のリーグでトップチームの試合を見るが、インテンシティーがすごく高い。それが各国の代表チームにつながっていくから、日本とはどんどん差がついてしまう。

松本山雅はインテンシティーの高さを求めるチームづくりをずっとやってきた。ただ、それがJリーグでは結果に結び付かないのが難しいところだ。

インテンシティーの高さは、若い時から養っておかないといけない。例えばFWはボールを奪われたら2度、3度と追っていくのが当たり前だとか、自分の後ろのスペースもディフェンスすることの重要性であるとか。ボールを出したら、ボールホルダーを追い越して数的優位をすぐにつくるスプリントだったりとかだ。

私が北京五輪で監督を務めた時に代表に選んだ本田圭佑（ACミラン）、香川、岡崎慎司（レスター）らが、今も代表に入っているのはうれしく思う。その一方で世代交代は当然進んでいる。若くて同じ力を持っていれば、若い選手に託すのは当たり前だ。

ただ、ディフェンダーは森重真人（FC東京）吉田麻也（サウサンプトン）に代わるような選手が出てこないのは心配な状況だ。GKも西川周作（浦和）に代わる下の世代がいない。日本サッカー協会はGKプロジェクトに取り組んでいるが、まだ成果は現れず、体格面からもGKは日本の弱点だ。

ベテラン選手の力はこれからも必要だが、欧州の所属チームで試合出場が減っているのは気掛かり。自分のチームで試合に出ていないと、いざ試合になった時にタフなプレーをするのが難しくなる。体力的にもゲームフィーリングにしてもだ。

日本は2011年のアジア・カップで優勝し、その時のイメージからアジアでは強いと思っている人が多い。でも今はほかの国のレベルが上がり、日本はアジアの中で優位ではなくなっている。W杯最終予選で日本と同じ組のタイは、まだ発展途上だが、国内のリーグが誕生して外国からいい選手も入っている。リーグのレベルが上がり、代表の強化につながっていると思う。

最終予選はあと5試合しかないという言い方になる。現在は2位だが、この先は本当に難しい戦いだ。特に中東のアウェー戦は難しい。日本は自分たちのアイデンティティーを考えつつ、もう一度、足元をしっかり見つめてやってほしい。

（1月27日）

■「一」にこだわって臨む新シーズン

今年のチームを立ち上げた時の最初のミーティングで、数字の「一」にこだわっていこうと話した。昨年、自動昇格に届かなかった勝ち点1の悔しさがある。周りの人は「あともう一歩だったね」と言う。その一歩が何なのかを真摯《しんし》に受け止めないといけない。

それは一瞬の隙だったかもしれない。1秒へのこだわりや、攻撃や守備で1メートル寄せるとか1メートル離れるとかが足りなかったからかもしれない。そういうことを常に選手には言っている。

それと同時に「一」にかけた言葉を大切にしていきたい。チームスローガン「One Soul」の一心同体となって一心不乱でやっていこうと。最初から最後まで一貫してやり続けることも必要だ。一流のプレーも見せたい。

昨年は1位になれるところまで来ていたので、今年は1位を狙おうとも話した。これはかなり難しいチャレンジになるかもしれないが……。今年は「一」がテーマになる。


1月24日から2月18日まで行った1~3次キャンプは、例年になくスムーズにいった印象だ。毎日テーマを決めて練習しながらチームを構築していく中で、けがによる離脱者がほとんどいなかったことは大きい。いたとしてもミーティングには参加しているので、チームづくりの大事な期間を、団体生活をしながら有意義に使えた。

練習中にいろいろな問題が生じても、選手同士のコミュニケーションは実戦に即したレベルの高い内容になっている。気になった時は私が練習を止めて話すが、それは新しく入ってきた選手に対するものがほとんどだ。

1を言って10を知るぐらいのレベルまで来ている選手も多い。田中や飯田のように長くいる選手は、新しい選手にちゃんと話をしてくれるので、私が直接言わなくてもピッチの中で解決できている問題もある。松本山雅は選手の年齢層が高くなっているが、逆に一日の長がある。

昨年まではキャンプ中に3日に1回のペースで筋力トレーニングを行っていた。筋肉にダメージを与えた後、回復していない状態で練習していたことで筋肉に疲労がたまってけがにつながっていたかもしれない。今年はそれを回避し、練習メニューを整理したことが、けがの少なさにつながっていると感じる。

さらに少しでも痛みが出た選手は早めにケアして無理をさせていない。無理をして1ヵ月休むことになるか、1、2日休むことで練習を再開できるようになるかは、どっちがいいか一目瞭然だ。今年は理学療法士もスタッフに加わったから、けがからの回復も段階を踏んでしっかりやれるようになると思う。

昨年のキャンプはビルドアップ（攻撃の組み立て）に力を入れて練習を大きく変えたから手探りだった。システムは中盤の底にアンカーを1人置いて2トップにしていたが、実際にそれでやったのは開幕戦の45分だけ。1ヵ月かけて用意したシステムは、本番でうまくいかなかった。

J1昇格を決めた2014年はずっと4バックで練習していて、開幕3日前に3バックに変えた。紅白戦でしっくりこなかったからだ。それでも開幕戦では3－1と圧勝した。実際にやってみないと、どうなるか分からないものだ。

今年の練習は、フィジカルトレーニング以外はほとんど変えていない。1日も無駄にせず、きちんとしたプランをつくってやってきた。変化を求めてうまくいく時もあれば、いかない時もある。ただ、やろうとしていることの一貫性は必要だ。開幕まであと2日。今シーズンも最後までぶれることなく戦っていく。

（2月24日）

■特徴ある今季のＪ２——外国人監督に学ぶ

Ｊ２は今季、22チームのうち10チームで監督が代わり、このうち3チームは外国人の監督が就任した。外国人監督を対戦相手として見た場合、勉強になるところがたくさんある。アイデアであったり戦術を含めた戦い方であったりとか。だから、相手の分析をするのは結構楽しい。

現役引退後、スペインに留学してサッカーを勉強していた時、セルタ（スペイン1部）で監督を務めていたのが、東京Vの監督に就任したスペイン出身のロティーナだ。開幕の1週間前に練習試合をした時に話をしたが、感慨深いものがあった。Ｊ２の舞台で一緒に試合ができることには正直驚いている。

千葉の監督になったアルゼンチン出身のエスナイデルは、現役時代にユベントス（イタリア・セリエA）などでプレーしていたのは知っている。ホーム開幕戦の第

4節でその千葉と対戦したが、ハイライン（守備ラインをかなり高く設定する）の、非常に特徴のあるチームだった。

昔はオランダ代表やACミラン（イタリア・セリエA）などで、何人かの監督がハイラインで戦っていたことはあったが、オフサイドの適用ルールが変わったため、今はハイラインを取る傾向が少なくなっている。

そういう相手に対し、相手の弱点を洗いざらいにして、どうやって攻略するかを考えるのが監督の仕事だ。普通なら相手の試合をだいたい3試合見れば分析できるが、千葉は3試合以上見た。それぐらい特徴のあるチームは研究のしがいや対処のしがいがある。

あの試合（3月19日、3－1で勝利）は、全部が狙い通りにできたわけではないが、非常にうまくいった例でもある。あれほどうまくいくのは100試合に1試合ぐらいだ。見ている人はこちらの狙いが分かったかもしれないが、狙いがうまくいかない試合の方がたくさんある。

ロティーナが率いる東京Vはビルドアップ（攻撃の組み立て）に特徴がある。3

人のセンターバックがすごくワイドに開き、アウトサイドの選手が高い位置を取る。隙間が多くなるから、ボールを奪われた時のリスクは大きいが、東京Vはボール保持に自信のあるチームだから、それができるのだろう。

外国人の監督はいろいろなことにトライする。その度胸の良さや潔さは、日本人はなかなかまねできない。2013、14年に福岡の監督を務めたスロベニア出身のプシュニクもそう。彼のセットプレーはすごく参考になり、いろいろなことを学んだ。

第6節ではスペイン出身のロドリゲスが監督になった徳島と対戦する。彼のことは知らないが、試合をするのが楽しみだ。

もちろん、日本人の監督からも学ぶことはたくさんある。岐阜の監督になった大木武さんは清水東高校で私が1年の時の3年。高校時代から技術的にすごく上手でボールを奪えなかったぐらいだ。名古屋の風間八宏さんも大木さんと同じ年で静岡市清水の出身。あの2人は小学校の時からサッカーがうまくて有名だった。そういう人が志向するのが分かるようなスタイルになっている。

Ｊ２は特徴のあるチームが増えているが、そのチームが勝てるかどうかは別の話だ。サッカーは相手があって成り立つスポーツだから、相手を分析して戦術を練り、選手に話をして練習し、イメージを沸かさないといけない。そういう手段は何十年も監督をやっているから、しっかりしたものを持っているつもりだ。

（3月31日）

■経験にあぐらをかかず常に勉強

Ｊリーグで指揮を執ったリーグ戦の試合数が22日の第9節で５３０試合になり、（５２４試合の）西野朗さんを抜いて歴代2位になっていたことを最近知った。（歴代1位は石崎信弘さんの６０８試合）。試合数を数えたことはないし興味もないが、決して1人でできたことではない。いろいろな人にサポートしてもらってここまでこられた。そうした人々に感謝したい。

監督を長く続けていると、当然だが試合を読む力や相手の弱点を見つける力は付いている。試合前には少なくとも3試合は相手の映像を見て分析しているから、530試合なら1600試合以上は仕事として真剣に試合を見てきたことになる。
サッカーは準備することが重要で、いろいろな事を予測して試合に臨むから、どんなことが起きても動じなくなり対応できるようになった。練習のアイデアも相手に合わせて頭の中のハードディスクから出てくる。練習がうまくいかなかったら、途中で練習内容を臨機応変に変える柔軟性も身に付いている。

経験が大事だと言われるが、経験だけに頼っていたら駄目な職業でもある。常にアンテナを高く張り、海外の試合からも新しい情報を仕入れたり学んだりしないといけない。最近では、イングランドのマンチェスターUがチェルシーとの試合をマンツーマンで戦ったと聞き、休みの日にその試合を見て勉強した。

2001年に新潟で初めて監督になった時は試行錯誤の連続で、当時は選手に助けられたとも思っている。誰でも最初は自分の理想を持っている。でも現実は思い通りにはいかず、そのギャップに悩んだ。新任監督なら誰もが陥りやすい現象かもしれない。選手の力量を考えてやらないといけないことを2、3年かけて学んだ。

イングランドのマンチェスターCで現在指揮を執るグアルディオラは、スペインのバルセロナではパスをつないでボールを保持するサッカーを極めたが、ドイツのバイエルン・ミュンヘンでは違うサッカーをした。マンチェスターCでは、バイエルンとはまた違うサッカーをやっている。行く所、行く所で選手の特性に合わせたサッカーをするのが本当の指導者であり、すごい力だと思う。

私が09年に湘南の監督になった時は、攻撃あるのみだと考えて戦った。ボール保持者の後ろはセンターバック2人とアンカー（守備的MF）1人の3人だけでいいから、ボール保持者を越えて中央から攻めて行けと言っていた。それが今言われている湘南スタイルだ。そういうことができる選手がチームにいたから可能になった。

経験上はその時の方が楽しかったが、松本山雅でそんなことをやっていたら今頃はJ3にいるかもしれない。12年に就任した時にはチームの規則がなく、生活態度から改めないといけなかった。その中から隙を見せず常にハードワークをする今のスタイルをつくってきた。

シーズン中は寿命が縮まるような生活で、つらいことの方が多いが、エンジョイしないといけないと思っている。選手がピッチで生き生きと躍動し、勝利を収めた時の達成感は何物にも替えられない。サポーターやクラブ関係者の笑顔に接すると、ハッピーな気分になれる。

何でも自分でやらないと気が済まず、人に任せきれない性格だが、それでは駄目だということは分かっている。年を取ると頑固になるが、人の話を聞かないようではいけない。経験にあぐらをかいていては駄目だと自分を戒め、初心を忘れずにやっている。

（4月28日）

■外国籍枠は日本人の成長のために

Jリーグは今季から外国籍枠を拡大した。昨季までの外国籍枠は、条件のない外国籍選手3人と、20歳未満のC契約やアジア枠またはJリーグ提携国など条件付きで計2人まで登録できた。今季は国籍を問わず最大5人までの外国籍選手を登録できる。ただ、ベンチ入りまたは出場できるのは最大3人と、アジア枠または提携国枠の1人なので実際には昨季と大きな変化はない。

Jリーグは今後も外国籍枠の拡大を議論していくようだが、いろいろな考え方がある。中国では現ブラジル代表のMFパウリーニョら有名な外国籍選手を爆買いで獲得し、ACLでは日本と互角かそれ以上の力を出しているチームが増えている。

では中国代表のレベルが上がっているかといえば、そうとは言えない。本来なら自国選手のレベルアップを一番の目的にして、クラブも強化するのが狙い。相乗効果が見られるようになった時に、外国籍選手が枠に入ってプレーする意味は大きくなる。

Jリーグで外国籍選手の枠が拡大されれば、日本選手が出場する機会が狭められる可能性が高くなる。ではどうすればいいか。J3にG大阪、C大阪、FC東京の23歳以下のチームを加えたのは、出場機会を増やす意味で評価すべきだと思っている。

昔はJ2の監督は日本人がやるという暗黙のルールがあった。それと同じようにJ2は外国籍枠が少ない方がいいかもしれない。J1の外国籍枠を拡大していくのなら、J2は今ぐらいの人数を維持するなどフレキシブルな対応が必要だと思う。

本来なら日本人だけでやるリーグでもいいかもしれないが、それはあまりにも閉鎖的だ。魅力あるリーグではなくなる。

Jリーグは今年から英国の動画配信大手パフォーム・グループと10年間、約2100億円の大型契約を結んだ。リーグからクラブへの分配金や優勝賞金なども大幅に増え、今後は外国籍選手の獲得に回せる資金も増える。

有名な外国籍選手が日本でプレーするようになれば、日本選手はその影響を受けてうまくなる。能力のある外国籍選手と対峙《たいじ》し、相手のスピードやテクニックに対抗しようと努力することで、どんどんレベルが上がる。外国籍選手を見に来るお客さんも増え、クラブは金銭的に潤うようになる。

外国籍選手を獲得するには、通訳をつけ、住まいや車も用意したりするのでお金がかかる。リスクもある。日本のクラブを渡り歩いている選手なら計算は立つが、海外でしかプレーしたことのない選手は、日本のスタイルに合わず活躍できないケースもあるからだ。助っ人として入るのだから、日本人との違いを見せてくれないと意味がない。


Jリーグが開幕した直後には、リネカーやジーコ、スキラッチといった大物やW杯で得点王になるようなすごい選手がいた。私が現役時代、ジーコと試合した時は簡単にあしらわれた。上には上がいるものだと思い、刺激を受けたのを覚えている。

J2で現在首位を争う福岡にはウェリントン、横浜FCにはイバがいる。そういう存在感のある選手がいて、貢献度が高いチームはやはり強い。外国籍選手によってチームが大きく左右されるのは本当は良くないのだろうが、実際には左右されているのが昨今のJ2だ。

（5月26日）

■天皇杯とリーグ戦――難しい選手起用

今年は例年よりも早く天皇杯全日本選手権が始まった。元日に行われる決勝は、子どもの頃からこたつに入ってミカンを食べながらテレビで見ていた特別な試合だった。いつかは元日の決勝に出てみたいと、ずっと思っていた。

現役時代はその天皇杯で決勝に2回出て2回とも優勝した。横浜フリューゲルスでプレーしていた第73回大会決勝（1994年1月1日）は後半途中から出場し、同点のまま延長に入り、延長で4点を奪って鹿島に勝った。私も点を取ることができた。

子どもの頃から見ていた大会だったから、たまらない感動があったのを覚えている。国立競技場という舞台が試合を引き立て、公式記録で5万3000人を越す観客が集まった。着物姿の人も多かった。元日に試合ができるのは2チームしかなく、憧れの舞台に立てたのは選手冥利《みょうり》に尽きる。

ベルマーレ平塚に移籍した翌年も決勝に進み、C大阪を破った。その試合はベンチにいて出番はなかったが、再び喜びを分かち合うことができた。違うチームで2年連続優勝したのは、おそらく私しかいないと思う。

天皇杯は都道府県予選の段階からどんなチームにも出場のチャンスがあるオープンな大会だ。その中で（格下チームが格上を倒す）ジャイアントキリングと呼ばれる番狂わせが起きる。21日の2回戦では、いわきFC（福島県代表）がJ1札幌に勝つなど、J1勢が4チーム敗れる番狂わせがあった。2009年には当時北信越リーグの松本山雅がJ1浦和に勝ったこともあり、逆に昨年はJFLのホンダに敗れた。

カテゴリーが下のチームが勝てばチームバリューを高められるし、選手は自分を売り込むアピールの場になる。また、格上のチームと試合をすることで、足りないものとかが見えてくる。

最近はカテゴリー間のレベル差が縮まっていると感じる。それは上のレベルが変わらず、下のレベルが上がってきたからだろう。J3というリーグができてプロ選手が多くなり、サッカー人口も増えて全体的なレベルが上がっている。ジャイアントキリングが起きるのはその一つの証拠だと思う。

今年は2回戦から準々決勝までが週半ばの水曜日開催という難しさがある。われわれの2回戦はリーグ戦から中2日だったため、先発メンバーを全員入れ替えた。

一方、3回戦で当たる鳥栖は、ほぼリーグ戦のメンバーで2回戦を戦っている。リーグ戦との兼ね合いが難しく、どう考えるかはチームそれぞれだと思う。

次の3回戦（7月12日）は中2日で長崎とのリーグ戦が後に控えている。天皇杯は延長になれば120分の試合になるし、それでも決着がつかなければPKがある。そうなるとリーグ戦に影響を及ぼす可能性が高くなる。2回戦のようにチームを分けて戦う形になるかもしれない。

どのチームも勝ち進みたいと思っているし、タイトルを手にできる可能性があるのだからチャレンジしていく。理想はリーグ戦と並行しながら天皇杯でもいい試合をしていくことだが、今のわれわれはまだその段階にない。だから試行錯誤の中でメンバーを選んでいく。

監督としては湘南での準々決勝進出が過去最高。思い出深い大会だから、いつかは決勝の舞台に立ってみたいと思っている。

（6月30日）

■3バックが増えている今季のJ2

今季のJ2は3バックのチームが増えているのが大きな特徴だ。松本山雅はJ2に上がって私が監督になった2012年から3バックで戦っているが、当時は3バックのチームはわずかだった。今季は3バックまたは試合によって3バックを採用したことのあるチームが全体の80%ぐらいになるんじゃないかと思う。

09～11年に湘南を率いていた時は4バックで戦った。松本山雅の監督に就任した時、前のシーズンの映像を見たり、選手の力や特長を考えたりして3バックにした。3バックの方が簡潔で選手一人一人の仕事は整理しやすいと考えたからだ。

J2の傾向として、攻撃にかける人数を減らしてでも失点を少なくし、勝ち点を取っていこうとする考え方が少し強いかもしれない。3バックだと、ゴール前の守備では両サイドの選手が下がって5バックになり、ディフェンディングゾーンでスペースを埋めることができるので安定した守備になる。その代わり、重心が後ろにいく欠点はある。

また、3バックのチームが増えている要因の一つに、サイドバックができる選手がJ2には数多くいない事情もある。だから、必然的に屈強でボールを跳ね返すことができるセンターバックを3人そろえ、サイドにはFWだった選手を登用したりするケースも多い。

松本山雅がJ1に昇格したように、3バックのチームが力をつけてくると、4バックで戦っていたチームがミスマッチ（局面での数的有利や不利の状況）を避けようとシステムを変え、相手に合わせた戦術を取る例も増えてくる。われわれとの試合で4バックから3バックに変えてきたチームもあった。

ただ、同じ3バックでも守り方はチームのいろいろな考え方があってそれぞれだ。松本山雅のように高い位置からボールを奪いにいくスタイルと、リトリート（自陣に引いて守る）する3バックは5バックという言い方もできるが、全然違う。

3バックのチームが増え、同じシステム同士の対戦となるミラーゲームは、やりにくさがあるのも事実。ビルドアップ（攻撃の組み立て）でいろいろと工夫するが、ミスマッチが生まれにくいから、試合が膠着《こうちゃく》して面白みを欠くことが多い。そうした状況で点を取るには、カウンターかセットプレーか相手のミスか、その三つになりやすい。

私はどちらかと言えば4バックの方が好きだ。例えば4−4−2のシステムなら攻撃にかかわる選手がボランチを除いて4人いるわけだから、バリエーションは増える。今の松本山雅のシステムだと攻撃の担い手はワントップと2シャドー（下がり目のFW）の3人に偏りがち。両サイドが攻撃に絡むには運動量で勝負しないといけない。

同じ3バックでも大事なのはスタイル。例えば守備で言うと、オールコートマンツーマンなのかオールコートゾーンなのか、それともマンツーマンとゾーンのミックスなのか。スタイルを実現するためのシステムがあると言ってもいいかもしれない。

4バックが主流のイングランド・プレミアリーグでは、3バックのチェルシーが圧倒的な力で優勝した。だが、これが絶対だというシステムはない。そんなシステムがあったらどこもやる。今いる選手に合わせたり、監督の哲学だったりと、いろいろな考え方があっていいと思う。

（7月28日）

■ハートに響く言葉、適切な機会に

8月5日の湘南戦で、ハーフタイムの時に選手を少し怒った。「ミスを恐れ、びびって逃げているんじゃない。みっともないぞ」と。これは時々使う言葉だが、「座って死ぬのを待つなら、飛び込んで死んだ方がいい」とも言った。

どのタイミングでどんな言葉を選手にかけるかを考えるのも監督の仕事。ハートをくすぐるような言い方や、ハートに響く言い方をしながら、選手の意欲を高めて同じ方向を向かせることが大事だ。

12日の名古屋戦では、会場入りする前のミーティングをいつもより長めに行った。相手はわれわれよりも格上のチーム。どう対峙《たいじ》するかを考えた時、戦術以外で「怖がらずに勇敢に立ち向かい、どう猛にならないといけない」という話を10分ぐらいした。

名古屋戦は結果的に大量失点したが、ファイティングポーズを取って戦う姿を見せることはできたと思う。過密日程の最後となった20日の岡山戦では「夏場の3連戦最後の試合で戦えないようなチームづくりはしていないよ」と鼓舞した。

時には「これだけ相手の分析映像を見せて、これだけ対策について話をして負けたら、サッカー選手として失格だぞ」と、ちょっと強い言い方をして選手を送り出す事もある。

格下のチームや、天皇杯のようにアマチュアチームが相手の時は「決して油断するな」という言葉は使わない。それはわれわれの油断が前提になっているからだ。そうすると本当に油断したり、相手へのリスペクトを欠いたりすることになる。どの試合も全く同じスタンスで話をする。

映像を見ながら終わった試合を振り返るミーティングでは、選手のミスや誤りも的確に指摘している。選手は言われるのが嫌だと思うが、プロとして給料をもらって仕事をしているのだから、上司が仕事の過ちを追及しなかったら仕事として成り立たない。

私も言うのはつらいが、言わなければ特定の選手をひいきしているとか、目をつぶっているとか思われ、どこかでチームにひずみが生まれる。敗因が個人に起因する部分もあれば、チームに起因する部分もある。個人的なことでもチームの問題と受け止め、課題を抽出して話す。

選手にかける言葉一つで大きく変わると実感したのが2009年に湘南の監督になった時だ。私が来る前まで選手は悪い部分を指摘されることが多かったようで自信をなくしていた。私が監督になり、練習でいい部分を見つけて積極的に褒めるようにすると、選手は自信を取り戻した。クラブ関係者からは見違えるように生き生きとプレーするようになったと言われた。アメとムチの使い分けは重要だと感じた。

試合直前の更衣室では選手一人一人と話をする。7月22日の愛媛戦では、石原に「シャドーストライカーの選手としては点が少ないぞ」と言った。何くそと思うタイプの選手ではないが、そう思わせてやろうと思ったからだ。そうしたらその試合で2点を取り、次の金沢戦でも得点した。

いつも同じ言葉をかけていれば、ハートをくすぐらなくなるので意味がない。選手の調子や自信がある時かない時かなど様子を観察し、言葉をかけるタイミングを見計らっている。それは長年やっている中で働く勘でもある。

（8月25日）

■引退から20年——切り開いてきた道

1997年にベルマーレ平塚で現役を引退して今年で20年になる。プレーヤーは楽しかったし、その年は試合によく出ていた（22試合出場4得点）ので、会社から来年の契約を結ばないと言われた時はショックだった。

ほかのチームや別カテゴリーのチームから声がかかったら続けてもいいと思っていたが、続けてもあと1、2年ぐらいかもしれない。私はサラリーマンを辞めてプロになったから、セカンドキャリアではなくサードキャリアになるが、そこにエネルギーを持ってやっていく方がいいと考えた。

全日空を退社して94年に平塚とプロ契約を結ぶと、練習が終われば自由な時間がたくさんあり、自己啓発でいろいろな勉強をしてきた。英語を勉強して英検を受けたりコンピューターを習ったりして、現役最後の年は指導者のライセンスを取りに行った。現役のプロ選手が指導者ライセンスを取りに行ったのは私が初めてだった。

いろいろな事をやりながら、引退した時に自分が何に向いているかを考え、試行錯誤していたと思う。今で言えばB級の指導者ライセンスは取ったが、実際に引退が決まった時、平塚からコーチの話はなかった。この先もサッカーの世界でやっていくかを模索するため、まずは解説の仕事をしてみようと思った。

ちょうど日本が初出場する98年のワールドカップ（W杯）を控えて盛り上がっていた時期。NHKのサッカー解説者に入れてもらい、大会の2ヵ月ぐらい前から週2回ぐらい全国ニュースに出演するようになった。そしてフランスに行って初めてW杯を生で見て、試合を解説した。

そのW杯で日本とジャマイカの試合を見て、日本のサッカーを何とかしないといけないと思い、指導者の道に進むことを真剣に決めた。まずは世界のサッカーを勉強しようと思い、W杯が終わって約3ヵ月後にはコーチ留学のため1人でバルセロナにいた。

ＦＣバルセロナで監督をやったカルロス・レシャックが98年に横浜フリューゲルスの監督を務めており、当時はバルセロナと横浜Ｆに提携関係があって指導者の交流ができることになっていた。私は平塚に移る前は横浜Ｆでプレーしていたから、その話をもらってバルセロナに行った。

でも実際に行ってみると、そんな話は聞いていないと断られた。それでも粘り強く交渉したら、３週間ぐらいたってようやくＯＫが出た。それからは毎日、練習に行くようになった。しつこく勉強していたから監督やコーチもよくしてくれて、週１回は話をする機会を設けてくれた。その時のコーチがロナルド・クーマンで、今はイングランド・プレミアリーグのエバートンで監督をしている。とても感謝している。

スペイン語はしゃべれなかったが、現地で語学学校に毎日通った。スペインリーグの特集をしていた日本のスポーツ専門放送局に現地の新聞を訳してファクスで送ったり、サッカー雑誌に寄稿したりして稼いだお金を家賃の一部に充てていたが、蓄えを切り崩して、1年4ヵ月をバルセロナで過ごした。今振り返ってみると、あの時は結婚していたのに、よく1人で勝手に行動に移せたなと思う。向こう見ずでエネルギーがあった。

サードキャリアもサッカーの道で生きて行こうと決めたからには、人一倍の努力をしないといけないと思った。誰も助けてくれないと思っていたから、現役引退後の人生を自分で切り開いてきた自負がある。

（9月29日）

■つくづく感じる選手補強の大切さ

長いシーズンもあと4試合となった。松本山雅は現在7位。サポーターの方々は今年は苦戦していると感じているのではないか。プレーオフで敗れた昨年の悔し涙を無にしたくないと思ってスタートを切ったが、私は難しいシーズンになることを最初から覚悟していた。

コーチ陣は中川ＧＫコーチが残っただけで、スタッフが大きく入れ替わった。上積みをしていくという意味で、果たしてそれが良かったのか。３ヵ月先じゃないとけがから復帰できない選手も戦力として計算していたので、マイナスからのスタートとも言えた。

チームの平均年齢が高くなり、新旧の交代時期だと考えていたが、残念なことにクラブは若い選手を他のクラブに出してしまった。実際に出て行った選手が活躍している。それについては、あまり口を挟まなかった私の失敗でもある。もう少し、きちんと要求するなりしておけば良かった。

開幕の時にけがで選手がいないのが分かっているポジションの補強ができず、シーズン途中の補強もうまくいかなかった。Ｊ１昇格争いに加わるには、昨年と同じ戦力では厳しいのは明らか。つくづく今年は選手の補強が大事だということを認識させられているシーズンでもある。

成績があまり良くなかったシーズン前半、コーチ一人一人と面談した。何が足りないのか、いろいろな意見を聞き、私が率直に感じていることを洗いざらい話した。その中から本当に大事なことだけを抽出し、それを練習に落とし込んでやるようにした。

例えばフィジカルトレーニングは、それまで体幹強化が中心だったが、体の強さを出していくには筋力トレーニングで大きな筋肉を鍛えていくことが必要だと考え取り組んだ。走る練習も負荷が軽いものだったのを、スプリントを入れたり負荷を上げたりして変えていった。

それはわれわれらしさを見失っていたからだ。松本山雅の去年までの良さがなくなりかけ、見ている人もそう感じていたと思う。選手に見せる映像も編集を変え、球際のプレーや走ることをクローズアップした。例えば、なぜここで全力で戻らないんだということを強調して見せた。

こうした成果が出始め、チーム状態が上向いたのは8月終わりから9月にかけて。戦力的なことを言えば、特別指定選手の下川（大商大）が前への推進力を出し、チームに刺激を与えていた。でも下川に頼るようになるチームだと、はっきり言って恥ずかしい。

その時期は相手に恵まれていたとも言えた。それがサッカーの一部ではあるが……。でも少し雑になっても勝てると、それでいいと思ってどこかに隙が生じる。それが山口戦の逆転負けや、5失点した千葉戦につながった。それは選手だけの問題ではなく、私らの責任でもある。

難しいシーズンだが、まだわれわれにはJ1昇格の可能性が残っている。周りの人に支えられてここまで来られたことに感謝している。選手もスタッフも同じ方向を向いてやってくれている。ただ、目先の1試合で状況は大きく変わり、この先はどうなるか分からないのが現状だ。

残り試合は少なくなってきたが、ぶれることなくわれわれがやっていることを最後までやり切ることだけを考えて日々努力している。シーズン終了の笛が鳴るまで、サポーターの皆さんにはわれわれの背中を後押ししてほしい。われわれは皆さんの期待に応えられるようにまい進していく。

（10月27日）

■必死さと魅力ある環境整備が必要

松本山雅は8位で今季を終え、Ｊ１昇格プレーオフ出場を逃した。残念な結果ではあったが、今季の実力を考えれば受け入れなくてはならない。仮にプレーオフに出場しても、４チームの中から勝ち上がるのは相当難しかっただろう。

優勝した湘南と、Ｊ１初昇格を決めた2位の長崎はともに失点が少なかった。名古屋、徳島、岐阜などのような攻撃の派手さはないが、手堅さがあり、昇格の要因はそれに尽きるだろう。

松本山雅は守備の手堅さも攻撃の派手さもなかったといえる。試合を見ていて、今季はわくわく感があまりないと思った人が多かったのではないか。残念ながら私もそれを否定できない。

湘南は勝負強さがあり、1点差で勝つゲームが多かった。勝負強さにわれわれとの差が出たことも否定できない。そして、湘南は育成組織がしっかりしているから若い選手がトップに上がって活躍している。

長崎の昇格は、最前線のファンマが活躍できたことも大きい。厳格な高木監督は、気性が荒かったファンマをうまくコントロールしていた。大卒選手を多く獲得して試合で使い、シーズン途中の補強にも積極的に動いた。それによって総合力が上がった。

経営危機があったことで、選手もクラブも苦しい時期に死に物狂いになったと思う。地元の通信販売大手ジャパネットホールディングスが子会社化したことで経営も良くなったが、バックアップする強力な会社があればクラブがうまく回るようになる一つの証拠かもしれない。

松本山雅が2014年に昇格を決めた時は、周りのチームが調子を落とし、その隙をぬって上がったという感じだった。でも今季の長崎の場合は少し違う。クラブとしてきちんとした戦略があり、それに基づいて混戦のJ2を勝ち上がった。

今季の特徴の一つとして、J2はセットプレーにこだわるチームが多かった。セットプレーの得点や失点は、置いたボールを蹴ってから5プレー以内という定義になっているが、サッカー界全体で全得点に占めるセットプレーの割合は増えているのではないか。

私が松本山雅の監督になってから、セットプレーを大事な得点源と考え、その重要性を選手に話してきた。試合前日はだいたいセットプレーの練習をする。今季もセットプレーから取った得点は多かったし、失点は少ない方だったと思う。

松本山雅がこれから再び昇格争いをしていくには必死にならないと駄目だ。クラブの中身が変わっていかないといけない。その内容については私が言うべきものではないが、例えば練習環境の整備はもっと必要だ。

やはりいつも天然芝のグラウンドで練習したい。人工芝と天然芝では足裏の感覚や球筋などが違ってくる。ただし、人工芝で練習するとけがにつながるという医学的な報告はない。

クラブハウスには全員がそろって筋力トレーニングをやるスペースがほしいし、大きな風呂もほしい。食事の施設もあったらいい。

私が松本山雅に来た当初、何人かの若い選手を誘ったが断られ、食事を取れるクラブハウス、天然芝で練習できるといった理由で別のクラブを選んだ選手が多かった。いい選手を獲得していくためにも魅力ある環境を整えてほしい。


（11月24日）

© J.LEAGUE

2018

2018

2018シーズン　松本山雅FC戦績

J2年間順位表

順位	クラブ名	勝ち点	試合数	勝ち数	分け数	敗数	得点	失点	得失点差
1	**松　本**	**77**	**42**	**21**	**14**	**7**	**54**	**34**	**20**
2	大　分	76	42	23	7	12	76	51	25
3	横浜FC	76	42	21	13	8	63	44	19
4	町　田	76	42	21	13	8	62	44	18
5	大　宮	71	42	21	8	13	65	48	17
6	東京V	71	42	19	14	9	56	41	15
7	福　岡	70	42	19	13	10	58	42	16
8	山　口	61	42	16	13	13	63	64	-1
9	甲　府	59	42	16	11	15	56	46	10
10	水　戸	57	42	16	9	17	48	46	2
11	徳　島	56	42	16	8	18	48	42	6
12	山　形	56	42	14	14	14	49	51	-2
13	金　沢	55	42	14	13	15	52	48	4
14	千　葉	55	42	16	7	19	72	72	0
15	岡　山	53	42	14	11	17	39	43	-4
16	新　潟	53	42	15	8	19	48	56	-8
17	栃　木	50	42	13	11	18	38	48	-10
18	愛　媛	48	42	12	12	18	34	52	-18
19	京　都	43	42	12	7	23	40	58	-18
20	岐　阜	42	42	11	9	22	44	62	-18
21	熊　本	34	42	9	7	26	50	79	-29
22	讃　岐	31	42	7	10	25	28	72	-44

1位松本、2位大分がJ1自動昇格。3～6位がJ1参入プレーオフ圏（ただし4位町田は出場資格なし）。東京VはJ1・16位の磐田と入替戦で破れ昇格ならず。21熊本、22位讃岐はJ3降格。

最終順位　1位（優勝・J1自動昇格）
21勝14分7敗

得点54
（1試合平均1.29、PK得点4/7）

失点34
（1試合平均0.81、PK失点4/5）

シュート478
被シュート351

FK603 ／ CK240
反則481 ／警告39 ／退場2

明治安田生命 J2リーグ

開催日	節	対戦相手	勝敗	結果	会場	勝点	順位	入場者数
2.25	1	横浜FC	△	0－0	A	1	11	10,779
3.3	2	新　潟	△	1－1	A	2	14	22,465
3.11	3	東京V	●	1－2	A	2	17	8,812
3.17	4	岡　山	△	1－1	H	3	17	9,540
3.21	5	町　田	●	1－2	A	3	20	3,037
3.25	6	山　口	△	2－2	A	4	20	6,318
4.1	7	大　宮	○	3－2	H	7	14	15,871
4.8	8	讃　岐	△	1－1	H	8	15	12,110
4.14	9	甲　府	○	1－0	A	11	12	9,659
4.22	10	山　形	○	1－0	H	14	9	12,038
4.28	11	愛　媛	△	1－1	A	15	10	3,207
5.3	12	水　戸	○	2－0	H	18	8	15,110
5.6	13	岐　阜	●	0－2	A	18	10	7,018
5.12	14	金　沢	○	5－0	H	21	7	11,333
5.20	15	福　岡	○	1－0	H	24	6	12,659
5.26	16	徳　島	△	1－1	A	25	7	5,312
6.3	17	栃　木	○	1－0	H	28	6	12,334
6.9	18	京　都	○	1－0	A	31	5	8,149
6.16	19	大　分	●	1－4	H	31	5	11,942
6.23	20	千　葉	○	4－2	H	34	5	11,475
6.30	21	熊　本	○	3－1	A	37	4	10,194
7.7	22	新　潟	○	2－0	H	40	1	14,166
7.16	23	岡　山	△	0－0	A	41	1	7,780
7.21	24	京　都	○	1－0	H	44	1	12,003
7.25	25	大　宮	○	2－1	A	47	1	9,329
7.29	26	甲　府	○	1－0	H	50	1	14,197
8.4	27	千　葉	○	3－2	A	53	1	12,336
8.11	28	讃　岐	○	1－0	A	56	1	2,981
8.18	29	町　田	●	0－1	H	56	1	15,841
8.25	30	横浜FC	●	1－3	H	56	2	13,905
9.1	31	水　戸	△	1－1	A	57	2	6,351
9.8	32	福　岡	○	1－0	A	60	2	9,090
9.15	33	山　口	△	0－0	H	61	1	9,490
9.23	34	熊　本	○	2－0	H	64	1	12,478
9.30	35	山　形	△	3－3	A	65	1	6,694
10.6	36	愛　媛	△	0－0	H	66	2	11,906
10.14	37	金　沢	○	2－0	A	69	1	9,645
10.21	38	岐　阜	△	0－0	H	70	1	14,709
10.28	39	大　分	●	0－1	A	70	2	15,125
11.4	40	東京V	○	1－0	H	73	1	16,775
11.11	41	栃　木	○	1－0	A	76	1	11,562
11.17	42	徳　島	△	0－0	H	77	1	19,066

第98回天皇杯

会場：アルウィン

開催日	回戦	対戦相手	勝敗	結果	入場者数
6.6	2回戦	J2 熊本	○	1-1（PK5-4）	4,243
7.11	3回戦	J1 浦和	●	1－2	12,077

在籍選手

ポジション	背番号	氏名	生年月日	出身・国籍	在籍年数	前所属	J2出場数	得点	
GK	1	守田　達弥	1990/8/3	千　葉	新	アルビレックス新潟	39	0	
DF	2	浦田　延尚	1989/9/13	東　京	新	愛媛 FC	30	2	
DF	3	田中　隼磨	1982/7/31	長　野	5		23	2	
DF	4	飯田　真輝	1985/9/15	茨　城	9		41	3	
MF	5	岩間　雄大	1986/2/21	東　京	5		34	1	
MF	6	藤田　息吹	1991/1/30	愛　知	新	愛媛 FC	38	1	
FW	7	前田　大然	1997/10/20	大　阪	2		29	7	
MF	8	セルジーニョ	1990/12/3	ブラジル	2		33	11	
FW	9	高崎　寛之	1986/3/17	茨　城	3		41	7	
FW	11	三島　康平	1987/4/15	埼　玉	3		2	0	
MF	13	中美　慶哉	1991/9/23	栃　木	新	ツエーゲン金沢	22	0	
MF	14	パウリーニョ	1989/1/26	ブラジル	3		21	3	
GK	16	村山　智彦	1987/8/22	千　葉	2		3	0	
MF	17	志知　孝明	1993/12/27	岐　阜	3		1	0	
DF	18	當間　建文	1989/3/21	沖　縄	3		5	0	
FW	19	山本　大貴	1991/11/15	熊　本	3		14	0	
MF	20	石原　崇兆	1992/11/17	静　岡	4		41	2	
GK	21	鈴木　智幸	1985/12/20	埼　玉	4		0	0	
MF	23	岡本　知剛	1990/6/29	広　島	2		11	1	
DF	27	アンダースアプリン	1991/6/21	シンガポール	新	ゲイラン・インターナショナル FC（シンガポール）	0	0	
DF	29	下川　陽太	1995/9/7	大　阪	新	大阪商業大	11	0	
GK	30	ゴドンミン	1999/1/12	韓　国	2		0	0	
DF	31	橋内　優也	1987/7/13	滋　賀	2		34	0	
MF	32	安東　輝	1995/6/28	大　分	新	湘南ベルマーレ	1	0	
DF	33	安川　有	1988/5/24	福　岡	3		5	0	
DF	34	ジョジヌ	1999/11/17	韓　国	新	仁川南高（韓民）	0	0	
DF	36	武藤　友樹	1995/5/9	千　葉	新	法政大	0	0	
MF	37	山田　満夫	1994/5/26	北海道	新	仙台大	0	0	
FW	38	永井　龍	1991/5/23	兵　庫	新	名古屋グランパス	24	3	
FW	39	小松　蓮	1998/9/10	東　京	新	産業能率大	0	0	
MF	47	岩上　祐三	1989/7/28	茨　城	新	大宮アルディージャ	38	5	
FW	49	ジネイ	1983/11/11	ブラジル	新	ヴァンフォーレ甲府	4	1	
DF	50	今井　智基	1990/11/29	千　葉	新	柏レイソル	7	0	
DF	22	星原　健太	1988/5/1	大　阪	2		0	0	※
DF	35	森本　大貴	1995/9/15	鳥　取	新	関東学院大	0	0	※
MF	10	工藤　浩平	1984/8/28	千　葉	4		12	0	※
MF	25	前田　直輝	1994/11/17	埼　玉	新	横浜F・マリノス	16	3	※

開幕時以降の在籍選手を掲載。新加入選手以外の前所属は省略。※は途中移籍

■開幕から県外6連戦——初の試練

本拠地のアルウィンで芝生の全面張り替えが行われたため、今季は開幕から6試合続けて県外で試合をすることになった。もちろんこんな経験は初めてのことだ。どこのチームもスタートダッシュをしたいと思っているので、県外で6試合もやらないといけないのは、正直に言えば大変だ。ただ、アルウィンの芝生が良くなるのだから目をつぶらないといけない。

サポーターの方々は、新しいチームの出来や完成度とかに興味があると思う。それをアルウィンで早く見せることができないのは、私たちにとってもつらいことだ。松本山雅はアウェーでもたくさんのサポーターが来てくれるから感謝しているが、県外まで足を運べない人もおり、申し訳ない気持ちがある。

3月17日から25日には中3日で3連戦がある。通常の3連戦なら一つか二つはアルウィンでの試合になるが、松本山雅は全てアルウィン以外で試合をしないといけない。過密日程の中で県外に行くのはストレスになる。特に25日の山口は遠いので負担が大きく、春休みの混雑期に当たる。

試合前の移動は体に疲労が残りやすい。団体行動だから、自分の時間も少なくなる。試合前の集中は、できれば自分のリズムでやりたいもの。例えば、試合前日の移動でホテルに午後8時に着いて9時から遅い食事を取ると、生活のリズムが崩れる可能性もある。

アルウィン以外の試合は、基本的には前泊する。高速道の通行止めとか予期せぬ交通事情が発生するからだ。第4節の岡山戦は、甲府市の山梨中銀スタジアムでホームゲームとして行うが、会場が近くても前泊する。かりに長野市で試合があっても前泊することになるだろう。

私は会場まで20分以内で到着できるホテルをリクエストしている。試合当日は2時間半前に両チームのメンバーが発表になる。相手のメンバーを言いながら2時間半前からホテルでミーティングを始め、2時間前から移動する。会場に着くのが1

時間半前になるのが準備にはちょうどいい。ホテルが遠くて移動時間が長くなると、この通りにはいかなくなるから、ホテル選びも大切だ。

県外で試合をやる一番のデメリットはスタジアムの雰囲気やお客さんの空気が違うこと。松本山雅はありがたいことにその差は少ないのだが。

一般的にはデメリットの方が大きいが、メリットもある。特に独身の選手は試合前日に食事をしっかり取れる。マッサージも遠慮なくやってもらえる。われわれスタッフとしては、試合ぎりぎりまで選手の状態を把握することができる。小さい子どもがいる選手はゆっくり寝ることができるかもしれない。

松本山雅は開幕前のキャンプが長いうえに、今季はアルウィンで新しいチームを披露するのが遅くなるが、楽しみに待っていてほしい。4月1日のアルウィン初戦までに、なるべく多くの勝ち点を取り、試合を重ねた完成形に近いチームを見てもらいたい。

松本山雅にはテクニカルな選手が増えたので、アルウィンの芝生が良くなることはプラスだ。そのためにも3月下旬まで続く県外試合は試練だと思って頑張るしかない。それを乗り越えれば、ホームの試合が多くなるのだから。

（3月8日）

■アルウィンの熱量が勝利を後押しする

今季は開幕から6試合、県外での試合が続いた。その間に一度も勝てず苦しい思いをしたが、今季初めてアルウィンで開催した第7節（4月1日・大宮戦）で初勝利を挙げることができた。ホームスタジアムのアルウィンが、われわれを後押ししてくれたとあらためて感じている。

私が初めてアルウィンを訪れたのは2002年。日韓ワールドカップ（W杯）の直前キャンプをしていたパラグアイ代表が磐田と行った親善試合の視察に来た。03年には（当時J2の）新潟の監督としてアルウィンで甲府と試合をした。その当時の感想を正直に言えば、「こんな田んぼの中にサッカー専用スタジアムをつくって、お客さんがいっぱいになるはずがないだろう」というものだった。

松本山雅の監督に就く前に、Jリーグクラブでは新潟と湘南を率いたが、どちらもホームスタジアムは専用球技場ではなかった。12年に松本山雅の監督を務めることになった時、専用スタジアムで指揮を執ることが楽しみだったことを覚えている。その時も、まさかこのスタジアムが満員になる日が来るとは夢にも思わなかったが、その後、アルウィンのスタンドが2万人に迫るような満員の試合を何度も経験することができた。本当に幸せなことだ。

アルウィンにたくさんのお客さんが入ると、いわば劇場のような雰囲気を醸し出す。それは非日常的な空間。その空気はわれわれにも伝わっているし、試合でのエネルギーになっていることは間違いない。

例えば、かつて松本山雅の選手としてアルウィンでプレーし、今季再び松本山雅に戻ってきた（岩上）祐三や（前田）直輝は、あの空間の印象が良かったということが（復帰の）理由の一つにあるのかもしれない。（ともに今季J2愛媛から移籍加入した）浦田や（藤田）息吹が言っているが、対戦相手からすればアルウィンは非常に嫌な空間だ。

対戦相手の監督がよく言っているが、相手からすれば全くピンチではないのに、アルウィンの雰囲気がすごいピンチのように感じさせてしまうことがある。昨季、アルウィンで逆転勝ちした山形戦や徳島戦では、いわゆる「いけいけ」の状態をつくり出すボルテージが生まれた。今月1日の大宮戦では、追い上げを許した終盤にゴール裏から湧き起こった「One Soul」コールも同じ。アルウィンの雰囲気は、ピッチで戦うわれわれの背中を押してくれている。

J1のクラブでは、浦和の埼玉スタジアムや、仙台のユアテックスタジアム仙台など、相手のサポーターが作り出す熱量が高く、対戦相手としてやりづらさを感じるスタジアムがある。私は敵将としてアルウィンで松本山雅と対戦したことがないから対戦相手の気持ちは具体的には分からないが、Ｊ２でアルウィンのようなスタジアムはないと言っていい。

松本山雅がＪ１昇格を果たした14年や、初めてＪ１の舞台で戦った15年の時に体感したアルウィンの熱量が、今でも衰えないことを非常にうれしく感じている。（Ｊ２の）レギュラーシーズンでのアルウィンの試合は今季残り18試合。われわれはアルウィンの力を味方に、自信を持って戦っていきたい。

（4月12日）

■松本山雅のＤＮＡを失わないために

１９９３年5月15日に開幕したＪリーグが25周年を迎えた。25年前のことは、今でもよく覚えている。その日を境に、私にとって何もかもが変わってしまった。それも急速に。これは大変なことになったな、という思いでいっぱいだった。

横浜フリューゲルスのプレーヤーだった私の開幕戦は翌日（5月16日）で、15日は宿泊先のホテルのテレビで、ヴェルディ川崎と横浜マリノスの開幕戦を見ていた。身震いがした。それまでは数千人程度だった国立競技場のスタンドが6万人近いお客さんで満員になっている。私が翌日試合をする三ツ沢球技場（横浜市）も満席だと聞いていた。あまり緊張しない性格だが、その日ばかりは緊張と興奮でよく眠れなかった。

1万4000人以上のお客さんでいっぱいになった私の開幕戦は、大げさに聞こえるかもしれないが異次元だった。たくさんの人に見られている、注目されていると思うと、サッカーがまるで別のスポーツのようにさえ思えた。背筋を正さなければいけないと思った。スター気分を味わっている選手もいたが、私は食事やトレーニングへの向き合い方など、それまでの姿勢を改めなければいけないと覚悟した。

Jリーグが発足した5年後の98年に、日本はワールドカップ（W杯）に初出場した。Jリーグができたことによる恩恵と言え、できていなければこの時のW杯出場は難しかったと思う。

サッカーというスポーツが日本中で認められた恩恵もあった。それまではテレビ画面の向こう側にしかいなかった世界を代表する選手が、スタジアムまで行けば間近で見られるようになった。私にとっても海外サッカーは全くの別ものだと思っていたが、リネカーと試合をし、レオナルドをマークし、ドゥンガと競り合った。そういう刺激がJリーグを発展させ、日本のレベルを引き上げたことは間違いない。

Jリーグは、チーム名から企業の名前を外し、地域に根差したクラブづくりの理念を掲げてきた。私が監督を務めた新潟や、ここ松本は、決してサッカーが盛んな地域ではなかったが、Jリーグの理念の下にサッカーというスポーツや松本山雅というクラブが地域に広がって根付いていったように思う。それは良いことだ。

練習場のかりがねサッカー場や試合会場のアルウィンで、子どもたちが松本山雅の選手の名前を呼び、大人と一緒になって応援歌を歌っている光景は素晴らしい。私の少年時代は、サッカーをする上で夢や目標になる存在が身近になかったから、今の松本山雅の選手やサッカーに取り組んでいる子どもたちのことをうらやましく思う。

今季の松本山雅の試合で、サイドラインから外に出そうなボールを走って追い掛け、スライディングをして自分たちのボールにしようとするプレーに拍手が起きたことがある。これは、ありそうでないこと。松本山雅のサポーターや松本という地域が、われわれに求めていることだと強く感じた。

25年のJリーグの歴史で、松本山雅はまだ7年目。この短い期間でも、がむしゃらに、ひた向きにという姿勢が松本山雅のDNAとして地域に根付いてきているように感じる。今、次の25年を考えることは不可能だが、このDNAを失わないために、チームとしてもクラブとしても汗をかいていかなければと思う。

（5月17日）

■選手とのコミュニケーション

アメリカンフットボールやレスリングなどで、指導者と選手の在り方が問題になっている。いずれも「コミュニケーション」というキーワードがあるように思うが、それは、ハリルホジッチ氏がワールドカップ（W杯）直前にサッカー日本代表監督を解任された問題についても同じことだろう。

教える側と教えられる側、指導者と選手との力関係で、どちらが強いかと言えば指導者だ。なぜなら、試合で起用する選手を決めるのも指導者、チームの方向性を作り上げるのも指導者、現場でコーチングするのも指導者だからだ。その立場を利用して選手に何でも言うことを聞かせる指導が問題の根本にある。

指導者が時に、選手に対して高圧的になったり排他的になったりするのは、やはり勝負が懸かっているからだ。ただし、スポーツには全てルールがある。どうしても勝ちたいからといってルールを度外視した指導をしてしまっては、それはスポーツではなく単なるけんかや暴力に過ぎない。

かく言う私も、胸に手を当ててみれば選手に対して厳しい態度を示すことがある。ある試合のハーフタイムで、特定の選手に「これをやらなければ前半で代えるよ」と言ったことがある。その言葉だけをとれば、アメリカンフットボールで問題になっている指導者と選手のやりとりに似ている。選手の心の底にある闘志を煮えたぎらせたいという思いがあって、厳しく接する場合があるということは事実だ。

しかし、私の言葉と問題になっているアメリカンフットボールの指導者の言葉とは決定的に違う。なぜなら、私の言葉には対戦相手を傷つける意図が全くないからだ。私の厳しさは自分たちのパフォーマンスに対してであり、相手は関係ない。

選手をよく観察し、信頼し、常にかかわりを持っているというシグナルを日常的に送っておくことは指導者として非常に大切だと考えている。そうしたコミュニケーションが、一方的ではなく相互に成立していれば、指導者が選手に厳しく接したとしても関係性が破綻することはない。

あるJリーグチームと練習試合をしている時、相手の選手が試合中に「ファウルで止めろ」と味方に言ったことがある。私はその言葉がどうしても聞き捨てならず、「それは言わないでくれ」と相手の選手に怒鳴った。ファウルで止めろということは、うちの選手がけがをさせられる可能性があるということだ。ファウルで止めればいいのなら、練習なんて一切しなくていい。

別のチームと試合で対戦する前、相手チームの選手が「最初の一発目でガツンといってやる」とコメントしている記事を読んだ。その選手はわれわれとの試合で実際にそうしてきた。だから私は、その試合を担当したレフェリーに警告を出してくれと厳しく求めたし、われわれの選手たちには事前に注意喚起もしていた。

相手をつぶせ、相手を削れ、ファウルで止めろ——。残念ながら、そういうやりとりはサッカーの世界でもいまだに存在している。私は20年近い指導歴の中で、そういう指導を一度もしたことがない。選手に暴力を振るったことも一度たりともない。それをした時は、指導者を辞める時だと思っている。

(6月22日)

■W杯――勝敗左右したテクノロジー

スポーツ界では近年、判定などにテクノロジーを導入する動きが盛んになっている。その動きはサッカー界も同じで、15日に閉幕したワールドカップ（W杯）ロシア大会のトピックの一つが、VAR（ビデオ・アシスタント・レフェリー）の導入だった。

真偽を確かめる意味では、白黒がはっきりしてうやむやな感じがなくなった。映像確認のためプレーを止めることで試合のリズムやテンポが悪くなるのではとも思っていたが、そんなこともなかった。導入は良かったと思っている。

テクノロジーによる判定が勝敗を大きく左右したことも間違いない。フランスとクロアチアによる決勝が象徴的だろう。先制されたクロアチアは前半のうちに追いついたが、流れの中で主審は取らなかったクロアチアのハンドの反則をVARによって認定し、そのPKをフランスが決めて勝ち越した。映像を確認する主審は相当迷っているように見えたが、それほど微妙な場面だった。当然ながら、同点のまま前半が終わっていれば試合の流れはまったく分からなかったし、クロアチアはあの失点でガクッときてしまった印象もあった。

このテクノロジーは、既にイタリアやドイツのリーグでは導入されている。韓国では2部リーグでも採用されていると聞いた。これからのサッカー界を変えていく可能性がある技術で、日本のJリーグはどうするのだろうか。レフェリーの誤審を抑止する意味では、Jリーグも導入した方がいいのではないかというのが私の率直な思いだ。

大会はフランスが20年ぶりに優勝した。若さを前面に出したスピーディーなサッカーは評価したい。（決勝トーナメント1回戦の）アルゼンチン戦でのエムバペのスピードは脅威だった。決勝トーナメントで日本を破り、最終的に3位になったベルギーも前に速いスピーディーなサッカーをしていた。この大会で見えたトレンド（流行）はスピード。それは走るスピードだけではなく、判断のスピードやセットプレーのマークを外すスピードなどもそうだ。

スピードという観点で言えば、日本はボールを奪いにいく時やプレスバック（帰陣しながらの守備）、攻守の切り替えでのスピードをかなり意識していた。日本人特有の俊敏性や献身性を生かしたこれらのスピードは、W杯でも通用していたし、評価していい。日本に限らず、アジア勢は1勝もできなかった4年前の前回大会と比べれば好成績を残した。4年後の次回はアジアのカタールで開催されるだけに、日本を含むアジア勢にとってはプラスの材料が多い大会だったように思う。

フランスやイングランドは国を挙げて選手の若返りを図ろうとする姿勢が見え、実際に若い力が光った。日本は、私が北京五輪（２００８年）で代表監督を務めた時に選出した香川真司や長友佑都、本田圭佑ら30歳前後の選手がチームの中核を担っていた。日本も世代交代を図るべき時で、W杯を終えた今がその絶好のチャンスだ。香川らより一つ下の世代は、非常にテクニカルな特長のある選手が増えている。こうしたうまい選手が、前述したような日本独特のハードワークもできれば強い。日本は、攻撃から守備への切り替えの速さは今大会でも最も優れていた。そのベースは今後も継続していくべきだろう。

（7月25日）

■ロジックとパッションは両方が必要

指導者としてのこだわりがあるとすれば、右手にロジック（論理）、左手にパッション（情熱）を持ってことに当たる、ということだろうか。この姿勢が失われたら仕事はできないと思っている。選手に理路整然と話すだけでは真意が伝わりきらないし、「戦え」と言ったところで、そのためにはどうすればいいのか伝えなければ戦うことはできない。

それは選手自身にも同じことが言える。特に松本山雅というチームでは、ロジックとパッションの両方を持っていなければ選手は生き残れない。例えば、（中美）慶哉は今年加入してチームのやり方に慣れるのに時間がかかったが、戦術を理解した今は脂が乗っている。もともと強いパッションを持っていたから、そこにロジックが伴ってきたということだ。

（藤田）息吹も同じことが言える。パッションの塊のような選手だが、そこに戦い方を整理したロジックがついてきたことで、最近の試合ではボールの受け方が良くなり、ピッチの中央でワンタッチのパスが出るようになった。

その逆もある。石原や浦田はパッションが弱い選手だったが、次第に気持ちを前面に出したプレーをするようになってきた。やはり、ロジックとパッションのどちらか一方だけを持っているだけでは物足りない。今、チームで出場機会をつかめていない選手には、そのことが理由の一つとして挙げられるだろう。

ロジックを持つためには勉強しなければいけない。パッションを持つためには覚悟が必要だ。指導者として理想を追い求めるあまり、背伸びしすぎてチームづくりがうまくいかないことはよくある話だ。一つの理想像に固執せず、チームが現在持っている力を踏まえてどういう戦術を構築するかが大事だ。こだわりを持たないこだわり、という言い方もできる。

（2012年に）松本山雅の監督に就いて選手の顔触れや能力を見た時、4バックではなく3バックを構築しなければ難しいと直感で思った。今でこそ3バックの戦術がなじんでいるが、私はそれまでの指導歴でほとんど3バックをしたことがなかった。

3バックを採用するなら、私自身が学びながらロジックを持たなければいけない。だから、海外の試合をたくさん見た。当時で言えば、イタリア・セリエAのナポリが3バックで、シャドー（攻撃的な1・5列目）を2人置くやり方をしていた。本当ならナポリまで行って勉強したかったくらいだが、それは不可能だから映像や文献をたくさん見た。

日本で言えばJ1の広島の試合も勉強した。1人少ない状況から逆転勝ちした7

月の大宮戦は、試合後の記者会見で「攻撃は5対4の論理だ」と話したが、それは広島がしていたサッカーの流れ。そういうロジックを身に付け、選手に対しては時に厳しく、時に親身になってパッションを持って接することで、チーム全体を同じ方向に向ける努力を続けている。

仕事から離れた私生活では、さしたるこだわりは持っていない。あえて言えば、卓上で調理ができるホットプレートを買ったことくらいだろう。自宅では海外サッカーの中継を見ることが多いが、野菜炒めでも何でも台所に行ってフライパンで調理していたら試合を見逃してしまう。サッカーは一瞬の隙を逃してはいけない。

（8月16日）

■若い選手が力を伸ばすために

若い選手が成長するためには、実戦の機会、それも真剣勝負の場をどれだけ多く経験できるかが大切だ。松本山雅の前田大然が代表の一員として参加したジャカルタ・アジア大会で、U―21（21歳以下）の日本は決勝まで勝ち進んだ。日本サッカーの将来を担うであろう選手たちにとって、これだけ真剣勝負ができたことは何物にも代え難い財産になるはずだ。

日本サッカー界は、若い選手が力を伸ばす場が少ないという構造的な欠陥を抱えてきた。Jリーグは、かつては若手によるサテライトリーグを運営したり、J1とJ2の各クラブから選抜した若手選手によるチームをJ3に参戦させたりと、さまざまな試みをしてきた。われわれクラブにとっても、若い選手をどうやって育てるかというのは難しい課題だ。

もちろん、実力のある選手は年齢に関係なく試合に出るチャンスが増える。自分の力で出場機会をつかみ取った前田もそうだ。一方で、そういった選手が出てくるのを指をくわえて待っているだけでは若手は育たない。

主にJ1のチームが参戦して争うカップ戦のルヴァン杯は、必ず21歳以下の選手を1人以上先発起用しなければいけないという規定がある。先日のルヴァン杯で、J2甲府に特別指定選手として加入している現役高校生が先発出場してゴールまで決めたが、それは若手を起用する規定があったからこそだろう。この高校生は、今回の経験で将来に向けて道が開けるかもしれない。そう考えると、こうした形でチャンスを与えることはいいことだ。

翻って、われわれ松本山雅はどうであろうか。Jリーグに参戦して今季で7年目。育成組織から次々と有望選手がトップチームに上がってきたり、高卒や大卒で獲得した若手が主力に成長したりというサイクルは、残念ながらできあがっていない。トップチームがJ1に昇格するかどうかだけでなく、こうしたサイクルができなければ、本当の意味でJリーグクラブとして成熟したとは言えない。

指導者に課された使命もある。才能や可能性がある選手がいれば、若くても思い切って試合に送り出す必要がある。ただ、それにはリスクも伴う。現場を預かる監督としては当然、勝利という結果を出さなければいけないが、未知数の若手を起用することは、結果に対して我慢をして目をつぶらなければいけない時もあるということだ。

私が湘南で監督をしていた時は、当時高校生だった遠藤航（シントトロイデン）や大学在学中だった永木亮太（鹿島）ら若い選手を積極的に使った。私が監督を務め、23歳以下で臨んだ（2008年の）北京五輪で代表に選出した18人は、その後1人を除いて全員がフル代表に選ばれた。若い選手の才能や可能性を見極め、勇気を持って試合で起用することがいかに大切かが分かる事例だろう。

そして最後は当然、選手本人の人間性が将来を決める。より大きな舞台に羽ばたくチャンスがあればチャレンジしなければいけない。そのタイミングを、地に足をつけてしっかり考えられるかも極めて大事なことだ。

若い選手を見ることは指導者として楽しい。前田のような選手が5年後にどうなっているか。今の自らの立場に舞い上がることなく育っていってほしい。

（9月14日）

■チームを強くして地域に活力を

早いもので、松本暮らしも7年になる。市街地にある自宅の近くには湧き水がたくさんあって、猛暑だった今年の夏はペットボトルにくんで持ち帰り、お風呂上がりに飲んでいた。味の違いが分かるわけではないが、すがすがしい気分になる。東京では考えられない、この地域の魅力だろう。

毎朝の新聞や、車を運転しながら聞くラジオ、夕方のテレビニュースで、われわれ松本山雅を含めて地域のスポーツの話題に触れない日はない。大相撲の御嶽海関、スピードスケートの小平奈緒さんなど競技や顔触れも多彩だ。私が松本山雅の監督に着任した6年前は違った。信州のスポーツ文化が少しずつ広がっていることを実感している。

先日、御嶽海関の優勝祝賀会に招待していただいて出席した。畑違いの場のはずなのに、出席者の皆さんは私のことを知っていて、われわれが優勝争いをしていることもご存じだった。新聞などの報道がわれわれのことをクローズアップして、それが地域の皆さんに伝わっているということだ。そのスポーツやチームの熱心なファンでなくても、スポーツの話題が話のたねになっているのだろう。うれしいことだ。

監督として、選手の特長を最大限に生かしたチームづくりを心掛けている。その一方で、この地域の皆さんや松本山雅のサポーターが、われわれに対して何を求めているのかということもチームづくりに少なからず影響を与えている。

例えば、ボールを扱う技術にたけた選手と、決してうまくはないけれどひた向きに走って泥くさくプレーができる選手がいた場合、松本山雅のサポーターに愛されるのは間違いなく後者だ。飛ばしすぎではないかと思うくらい試合の最初から飛ばしていく意気込み、それを試合の最後まで続けることができる力強さ。いま、新たな選手を獲得する際は、そういったスタイルに見合う選手かどうかを見極めるようになっている。この形が、いつからか松本山雅のアイデンティティーになったのだと感じている。

御嶽海関も小平奈緒さんも、地域の皆さんから愛されている。ひた向きに競技に取り組む姿勢がこの地域では評価されるし、親近感も生む。松本山雅のスタイルと共通しているように思う。

ただし、私はこの地域にサッカーやスポーツの文化を広め、根付かせるために松本山雅の監督を引き受けたわけではない。練習をやめてチーム全員で地域に出ていってボランティア活動をすることがわれわれの務めではない。選手の持ち味を磨き、チームの一体感を高め、試合で結果を残すことが監督としての役割だ。チームを強くすることが、スタジアムに、サポーターに、そして地域に活力を与えることになる。

松本も、私がかつて監督を務めた新潟も、チームがＪ１に上がったタイミングで練習場やクラブハウスができた。いま、われわれは再びＪ１昇格に挑戦できる好位置につけている。今月からホームスタジアムのアルウィンがネーミングライツ（命名権）契約によって名称変更したことも、われわれへの注目の高まりを示す例だろう。結果を出すことが、このクラブやチーム、さらにこの地域の未来を開くことにつながっていくと信じている。

（10月13日）

■チームの質を高め、来季に備える

優勝したチームは記憶に残っても、2位のチームは忘れ去られていくものだ。その意味では、優勝してJ1昇格を決めることができてうれしく思う。苦しい時も楽しい時も一緒に過ごしてくれたサポーターのおかげでもある。感謝したい。

来季は再び、日本のトップリーグ（J1）で戦うことになる。それは自分たちの力で勝ち取った道だけれど、いばらの道を進むことも意味している。苦しくもあり、楽しくもあり、冒険でもある。これまで以上に1試合の重みが増すことは間違いない。

私が松本山雅の監督に就いたのが2012年。これで7シーズンが過ぎた。8年目となる来季も指揮を執る。これまで最も長く監督を務めたのは、新潟を率いた5年間（01～05年）だった。Jリーグを見渡しても、同じクラブでここまで長く監督を務めているのは、私の後任として湘南を率いている曺貴裁《チョウキジェ》監督くらいではないか。長くやればいいというものではないし、そのことによるデメリットがあることも承知している。ただ私は、今の立場や仕事に慣れてしまったという感覚はない。

Jリーグで監督を務めた試合数は600を超えた。それでも、常に学ぶ姿勢は今でも大事にしている。自由な立場で海外のクラブに行ってサッカーの勉強をすることが一番かもしれないが、松本山雅の監督を務めながらでも学びの機会は日常的にある。

例えば、対戦相手を分析するために映像を見ていて、相手の若い監督の戦術に感心させられることがある。そこで得たヒントを自分たちのチームに落とし込むこともある。そうしていかなければチームは停滞してしまい、進歩しない。

このチームやクラブ、地域には、まだまだ伸びしろがあると感じている。魅力がなければ、長く監督を続けることはできない。松本山雅にとって2度目となる来季のJ1をどう戦うか。まだ具体的な絵は描けていない。しかし、私の手元にあるスケッチブックには既に下絵が描いてある。それは何年も監督を続けてきたことによるメリットだ。ここにどんな色を塗っていくか。来季が始まるまでの監督の重要な仕事の一つだ。

一つだけはっきりしているのは、今まで培ってきた良さをベースにしながらも、クオリティー（質）の高い色を付けていかなければトップリーグでは通用しないということだ。

まずは、今いる選手たちの力をどれだけ底上げできるか。例えば（21歳の前田）大然は、今年の開幕前のキャンプで「ボールを持ったらゴールに向かって仕掛ける」という意識を徹底させた。この1年間で成長した。さらに、その選手たちを脅かす新たな戦力をどれだけ獲得することができるか。既に2人の高校生の加入が内定しているが、そういった若い力の台頭も必要だ。

J1とJ2の決定的な差は、選手個人の能力の差と言える。（元スペイン代表の）イニエスタ（神戸）のような選手が松本に来ることになる。圧倒的な個の力の差を前にしては、どんなに戦術を練ってもカバーしきれない。われわれが大事にしてきたスタイルを進化させながら、個の力を高め、来季に備えなければいけないと覚悟している。

（11月22日）

2019

2019シーズン　松本山雅FC戦績

J1リーグ戦 年間順位表

順位	クラブ名	勝ち点	試合数	勝ち数	分け数	敗数	得点	失点	得失点差
1	横浜M	70	34	22	4	8	68	38	30
2	FC東京	64	34	19	7	8	46	29	17
3	鹿　島	63	34	18	9	7	54	30	24
4	川　崎	60	34	16	12	6	57	34	23
5	C大阪	59	34	18	5	11	39	25	14
6	広　島	55	34	15	10	9	45	29	16
7	G大阪	47	34	12	11	11	54	48	6
8	神　戸	47	34	14	5	15	61	59	2
9	大　分	47	34	12	11	11	35	35	0
10	札　幌	46	34	13	7	14	54	49	5
11	仙　台	41	34	12	5	17	38	45	-7
12	清　水	39	34	11	6	17	45	69	-24
13	名古屋	37	34	9	10	15	45	50	-5
14	浦　和	37	34	9	10	15	34	50	-16
15	鳥　栖	36	34	10	6	18	32	53	-21
16	湘　南	36	34	10	6	18	40	63	-23
17	**松　本**	**31**	**34**	**6**	**13**	**15**	**21**	**40**	**-19**
18	磐　田	31	34	8	7	19	29	51	-22

17位松本、18位磐田がJ2自動降格。16位湘南はJ1参入プレーオフでJ2徳島に引き分け残留

最終順位　17位 (J2自動降格)
6勝13分15敗

得点21
(1試合平均0.62、PK得点1/1)

失点40
(1試合平均1.18、PK失点4/4)

シュート293
被シュート355

FK425／CK146
反則470／警告34／退場0

YBCルヴァン杯グループステージ(D組)

順位	クラブ名	勝ち点	試合数	勝ち数	分け数	敗数	得点	失点	得失点差
1	G大阪	11	6	3	2	1	10	5	5
2	磐　田	9	6	3	0	3	6	8	-2
3	清　水	8	6	2	2	2	8	8	0
4	**松　本**	**5**	**6**	**1**	**2**	**3**	**6**	**9**	**-3**

明治安田生命 J1リーグ

開催日	節	対戦相手	勝敗	結果	会場	勝点	順位	入場者数
2.23	1	磐　田	△	1－1	A	1	6	14,469
3.2	2	大　分	○	1－0	A	4	4	13,329
3.9	3	浦　和	●	0－1	H	4	9	18,922
3.17	4	広　島	●	0－1	A	4	12	13,131
3.31	5	川　崎	●	0－2	H	4	14	18,563
4.6	6	神　戸	○	2－1	H	7	12	18,831
4.14	7	湘　南	△	1－1	A	8	12	10,417
4.20	8	鳥　栖	○	1－0	H	11	10	16,367
4.28	9	FC東京	●	0－2	A	11	11	36,412
5.4	10	C大阪	●	0－2	H	11	12	18,397
5.12	11	札　幌	△	0－0	H	12	12	16,646
5.18	12	鹿　島	●	0－5	A	12	13	20,700
5.26	13	名古屋	○	1－0	A	15	12	29,181
6.1	14	清　水	△	1－1	H	16	12	16,236
6.15	15	仙　台	●	0－1	H	16	14	14,078
6.22	16	横浜M	●	0－1	A	16	16	27,364
6.29	17	G大阪	●	1－3	H	16	17	15,690
7.7	18	札　幌	△	1－1	A	17	17	18,663
7.13	19	磐　田	●	0－1	H	17	17	17,188
7.20	20	広　島	△	2－2	H	18	16	14,907
8.4	21	川　崎	△	0－0	A	19	16	22,807
8.10	22	清　水	●	0－1	A	19	17	16,017
8.18	23	名古屋	△	1－1	H	20	17	18,311
8.23	24	浦　和	○	2－1	A	23	17	27,038
8.31	25	大　分	△	0－0	H	24	17	16,568
9.14	26	神　戸	●	1－2	A	24	17	20,215
9.29	27	FC東京	△	0－0	H	25	17	19,271
10.5	28	仙　台	○	1－0	A	28	17	15,285
10.18	29	鹿　島	△	1－1	H	29	17	19,479
11.2	30	C大阪	△	1－1	A	30	17	15,696
11.10	31	鳥　栖	●	0－1	A	30	17	16,313
11.23	32	横浜M	●	0－1	H	30	17	19,744
11.30	33	G大阪	●	1－4	A	30	18	25,635
12.7	34	湘　南	△	1－1	H	31	17	16,881

YBCルヴァン杯グループステージ(D組)

開催日	節	対戦相手	勝敗	結果	会場	入場者数
3.6	1	清　水	○	2－1	H	8,048
3.13	2	G大阪	●	1－2	A	7,430
4.10	3	磐　田	●	1－3	H	5,403
4.24	4	清　水	△	2－2	A	4,523
5.8	5	磐　田	●	0－1	A	5,756
5.22	6	G大阪	△	0－0	H	7,680

第99回天皇杯

会場：サンプロ アルウィン

	開催日	対戦相手	勝敗	結果	入場者数
2回戦	7.3	J3八戸	●	2－3	3,719

在籍選手

ポジション	背番号	氏名	生年月日	出身・国籍	在籍年数	前所属	J2出場数	得点	
GK	1	守田　達弥	1990/8/3	千　葉	2		31	0	
DF	2	浦田　延尚	1989/9/13	東　京	2		1	0	
DF	3	田中　隼磨	1982/7/31	長　野	6		31	0	
DF	4	飯田　真輝	1985/9/15	茨　城	10		29	2	
DF	5	今井　智基	1990/11/29	千　葉	2		18	0	
MF	6	藤田　息吹	1991/1/30	愛　知	2		27	0	
MF	8	セルジーニョ	1990/12/3	ブラジル	3		15	2	
FW	9	高崎　寛之	1986/3/17	茨　城	4		18	0	
FW	11	永井　　龍	1991/5/23	兵　庫	2		27	3	
MF	13	中美　慶哉	1991/9/23	栃　木	2		18	0	
MF	14	パウリーニョ	1989/1/26	ブラジル	4		28	1	
DF	15	エドゥアルド	1993/4/27	ブラジル	新	川崎フロンターレ	7	0	
GK	16	村山　智彦	1987/8/22	千　葉	3		3	0	
MF	20	杉本　太郎	1996/2/12	岐　阜	新	徳島ヴォルティス	27	2	
GK	21	ゴドンミン	1999/1/12	韓　国	3		0	0	
MF	22	米原　秀亮	1998/4/20	熊　本	新	ロアッソ熊本	0	0	
GK	23	田中　謙吾	1989/12/30	神奈川	新	AC長野パルセイロ	0	0	
MF	25	町田也真人	1989/12/19	埼　玉	新	ジェフユナイテッド千葉	13	0	
MF	26	山本　真希	1987/8/24	静　岡	新	ジェフユナイテッド千葉	2	0	
DF	30	溝渕　雄志	1994/7/20	香　川	新	ジェフユナイテッド千葉	0	0	
DF	31	橋内　優也	1987/7/13	滋　賀	3		27	0	
MF	32	安東　　輝	1995/6/28	大　分	2		8	0	
DF	33	大野　佑哉	1996/8/17	東　京	新	阪南大	0	0	
DF	34	ジョジヌ	1999/11/17	韓　国	2		0	0	
MF	35	宮阪　政樹	1989/7/15	東　京	3		19	1	
DF	36	三ッ田啓希	1997/12/22	埼　玉	特指	中央大在	0	0	
DF	39	高木　利弥	1992/11/25	広　島	新	柏レイソル	1	0	
DF	41	水本　裕貴	1985/9/12	三　重	新	サンフレッチェ広島	13	1	
DF	42	高橋　　諒	1993/7/16	群　馬	新	湘南ベルマーレ	32	1	
DF	44	服部　康平	1991/4/4	東　京	新	栃木SC	5	0	
FW	45	イ　ズ　マ	1991/6/25	ギニアビサウ	新	エステグラルFC（イラン）	3	0	
MF	47	岩上　祐三	1989/7/28	茨　城	2		19	1	
FW	50	阪野　豊史	1990/6/4	埼　玉	新	モンテディオ山形	13	2	
MF	17	塚川　孝輝	1994/7/16	広　島	新	ファジアーノ岡山	3	0	
DF	24	那須川将大	1986/12/29	北海道	新	大分トリニータ	0	0	
FW	7	前田　大然	1997/10/20	大　阪	3		18	2	
FW	10	レアンドロペレイラ	1991/7/13	ブラジル	新	シャペコエンセ（ブラジル）	12	2	※
FW	19	山本　大貴	1991/11/15	熊　本	4		1	0	
DF	18	當間　建文	1989/3/21	沖　縄	4		5	1	
FW	27	榎本　　樹	2000/6/4	埼　玉	新	前橋育英高	0	0	
MF	28	山本　龍平	2000/7/16	三　重	新	四日市中央工業高	0	0	

開幕時以降の在籍選手を掲載。「特指」は特別指定選手。新加入選手以外の前所属は省略。※は途中移籍

■食らい付く——全員が自分の殻を破る覚悟で

われわれ松本山雅FCは今年、再び国内最高峰のＪ１で戦う。私自身、新たな挑戦が楽しみな気持ちと同時に、厳しい戦いの連続になるシーズンに向けて身が引き締まる思いで新年を迎えた。

目標を達成するために、新しいことにチャレンジする姿勢は欠かせない。私の20年近い指導者人生もチャレンジの連続だったし、今年で８年目を迎える松本山雅の監督としても挑戦を続けてきた。

少し専門的な話になるが、Ｊ２で初優勝して４年ぶりのＪ１昇格を決めた２０１８年シーズンは、選手の顔ぶれを見た上でそれまでとは違う並び（布陣）の構築を試みた。前線をワントップから２トップにして攻撃のターゲットを増やし、中盤の形にも手を加えた。新戦力の（永井）龍《りょう》や（前田）大然、（前田）直輝の攻撃面での良さを生かすためのチャレンジだった。

不思議なもので、われわれが初めてＪ１昇格を決めた14年シーズンも開幕前のキャンプで大きなチャレンジをしている。その時はＤＦラインを３バックから４バックに変えてチームづくりをした。

チームは生きものだから、状況に応じて形を変える。18年は開幕して２戦目の試合途中から、14年は開幕３日前に、キャンプで作り上げてきた形から、われわれが基本布陣としている３－４－２－１に戻す決断をした。

理想を言えば、１ヵ月半に及ぶキャンプで構築したチームを、シーズンに入ってもそのまま成熟させていくことが望ましい。それでも、選手たちに刺激や競争意識を与えたキャンプでのチャレンジが、決して無駄ではなかったことは結果が証明している。

私は33歳で現役引退した後、指導者への道を目指した。その時の私がとった行動はスペインへの留学だった。新婚だった私は妻を日本に残して単身、右も左も分からないスペインに渡り、語学学校に通いながらFCバルセロナの門をたたいて指導を学んだ。若気の至りとしか思えないチャレンジだったと感じている。

その経験が、その後の指導者としての私のキャリアにどう生かされたかは正直分からない。ただ、こうしてJリーグクラブで監督の仕事をやり続けられていることや、（2008年北京五輪で）日の丸を背負う若い日本代表を率いることができたことを考えれば、私のチャレンジも無駄ではなかったのだろう。

チャレンジは常にリスクと背中合わせだ。成功すれば大きな成果を得られる一方で、失敗すれば失うものもある。しかし、チャレンジしなければ新しい何かを得ることができないことは確か。であるならば、やはり今年のわれわれは果敢にチャレンジするしかない。

選手たちは、今までと同じ姿勢でいいと考えているならば厳しいと思った方がいい。体力の向上はもちろん、より質の高い技術を習得し、判断のスピードを上げなければいけない。われわれスタッフを含め全員で同じ方向を向きながら、全員が自分の殻を破っていく覚悟が必要だ。そうでなければ、（1年でJ2に降格した）4

年前と同じ結果が待っている。

チームを預かる立場としては、方向性を誤らないように慎重に、かつ躍動感を増幅できるように大胆にチームをつくっていきたい。2月末の開幕から日本のトップリーグに食らい付いていけるようにチャレンジしていく。


（1月3日）

■松本山雅らしく未来をつくる

われわれにとって、4年ぶりとなるJ1が開幕した。まだ2試合を終えただけだが、やはりJ1とJ2とでは大きく違うと実感している。スタジアムの熱量はJ2の比ではなく、サポーターもメディアも多い。当然、勝ち点の重みも違う。

開幕6試合勝利がなかった昨季の序盤戦は確かにしんどかったが、J1の今季はさらに厳しい戦いを覚悟している。勝ち点を計算できる試合は一つもない。かつて、G大阪や柏がJ2から昇格してすぐにJ1で躍進したことがあったが、それはまれな例。4年前のわれわれがそうだったように、大半の昇格チームは苦戦する。クラブやチームの力関係が成績に直結するリーグだからだ。

4年前の開幕戦を思い出してほしい。アウェーでの名古屋戦は先制し、一時は2点のリードを奪った。結果的に追いつかれて3―3の引き分けだったが、周囲も選手たち自身も「手応えがある」という受け止めではなかったか。

この受け止めが一番怖い。手応えがあると言ってスタートした4年前、われわれは18チーム中16位に終わり、1年でJ2に降格した。手応えがあるならば、それを結果につなげなければ意味がない。今季の磐田との開幕戦も同じだ。1―1の引き分けで勝ち点1を得た結果は悪くないし、私も試合後の記者会見で「よくやった」と話した。しかし、われわれらしさを前面に出して戦えたことを考えれば、勝っておかなければいけなかったと思っている。

開幕戦に先発で送り出した11人のうち、（前田）大然とセルジーニョ、服部の3人が初めてJ1のピッチに立った。「トップ15（無条件で残留できる15位以上）」の目標を達成するためには、彼らのようにJ1での実績がない選手たちがどれだけ伸びるかということが重要なポイントになると思っている。

今季に向けたチーム編成をしている段階で、実績十分で名前も知られている選手から売り込みがあった。それも何人も、だ。しかし、私は全て断った。力のあるベテラン選手もいたし、獲得していれば戦力になったかもしれない。ただ、それでJ1に残留したところで未来に何が残せるか。われわれは、20歳の米原のように可能性を秘めた若い選手を獲得し、未来に向けてチームを成長させていく道を選んだ。

開幕からアウェーでの試合が二つ続いたが、6日にはルヴァン・カップの清水戦でホーム初戦を迎え、9日には浦和とのJ1ホーム開幕戦がある。3月末には2連覇中の川崎をホームに迎え、その翌週の神戸戦では世界的スターのイニエスタやポドルスキが松本にやってくるだろう。彼らを生で観戦できる機会は貴重で、お客さんにとってもＪ２とは比べものにならない期待感があるのではないか。

私は決して、イニエスタのプレーを楽しみに待っていてほしいと言っているのではない。こうしたトップレベルの選手やチームに対して、われわれの戦いがどれだけできるのかを見てほしい。松本山雅のことを少しでも知っている人なら、華麗なパスワークで相手を崩すサッカーをするとは誰も思っていないだろう。どの舞台、どの相手でも、われわれらしく躍動感を持って、相手の隙を突いて仕掛けるサッカーをやるだけだ。１人でも多くのお客さんに笑顔で帰路に就いてもらえるように全力を尽くす。

（３月６日）

■数値化をうまく強化に生かす

われわれ日本人は、物心がついた頃から能力や評価を数字で示されることに付き合っている。小学校の通信簿しかり、スポーツテストしかりだ。

サッカーは本来、選手個人の数字が出にくいスポーツだった。見る人の主観で「うまい」「速い」ということはあっても、「ボールリフティングが100回できるからうまい」とは限らないからだ。

いまは、その流れが大きく変わっている。J1では2015年から「トラッキングシステム」が導入され、選手個人とチーム全体の走行距離とスプリント（時速24キロ以上のダッシュ）回数が毎試合、公表されている。チームが受け取るデータはさらに細分化されて膨大で、全てを見切れないほどの数字が並ぶ。

私が新潟や湘南の監督を務めていた当時は、ここまで数値化されていなかった。

湘南時代も走ることを大事にしてチームづくりをしていたが、選手に伝えることは「ボールホルダー（保持者）を越えていけ」という抽象的な指示。いまでは、「スプリントで（守備に）戻れ」と具体的に伝えるようにしている。その方が選手たちも納得して受け止めるからだ。

（前田）大然の走力が高いことは昨季までも分かっていたし、皆さんも見ていて速いと感じていたのではないか。それが、今季は分かりやすい数字で示されている。第2節の大分戦で大然がマークした53回のスプリント回数はJ1の過去最多記録を更新した。その他の試合でも40回以上を2度マークし、今季のランキング上位を独占している。

われわれは日々のトレーニングでも選手の数字を計測している。2年前から「ハートレートセンサー」と呼ばれる装置を胸部に付けて、走行距離とスプリント回数、心拍数を測っている。同じ練習でも、選手によって負荷のかかり方は違う。どれほどきついメニューでも、心肺機能が高い一部の選手に負荷がかかっていなければ、それはチーム全体を鍛えていることにならない。開幕前のキャンプでは、同じ内容の練習を選手の数値に応じて負荷を変える取り組みをした。数字を強化に生かす理想的な形だろう。

一方で、相手があるサッカーは数字では測れない要素が多い。スプリント回数が多いFWが得点王になっているわけではないし、ボール保持率が高いチームが必ず勝つわけでもない。私は選手起用を決める際、「この前の試合でスプリントが20回以上だったから使う」ということは絶対にしない。

トラッキングシステムを採用していないJ2でも試合のデータを取ろうと、昨季の開幕直後はハートレートセンサーを着けて試合に臨んだ。しかし、選手には器具による締め付け感があると不評で、7試合目から装置を外した。その試合でチームは初勝利を挙げた。いまとなれば笑い話だが、数字はチームのパフォーマンスを上げるためのツールであって、数字ありきのチームづくりは本末転倒だということだ。

われわれが唯一、強いこだわりを持たなければいけない数字があるとすれば、それは勝ち点だ。昨季のJ1昇格争いは、最終戦の最後の数分までどうなるか分からなかった。昨季のJ1でも最後は勝ち点1の差がものを言った。今年最初のミーティングで、選手たちには勝ち点へのこだわりを強く求めた。「トップ15（無条件でJ1に残留する15位以上）」の目標を成し遂げるため、勝ち点という数字を追い求めていく。

（4月4日）

■新時代も足元を見つめて歩む

平成が終わり、令和の新時代が始まった。30年余の平成の大半を、私は選手や指導者としてサッカーに費やした。新たな時代を、日本のトップリーグで戦う松本山雅の監督として迎えられたことをうれしく思うし、ありがたいと思っている。

私が大学を卒業し、全日空に入社したのは昭和62年だった。社会人2年目の1月に昭和から平成に変わったが、会社員としてサッカーを続ける私の立ち位置は何も変わらなかった。

私にとっても日本サッカー界にとっても、平成5年のJリーグ誕生が、平成の最大の出来事だったことは間違いない。日本で初めてサッカーがプロ化され、それまでとは比べものにならない注目を浴びた。プロ選手は自分自身が商品だという考え方に立てば、アマチュアとは自覚や責任の重さが格段に違う。選手としての限界が来たら、サッカーをやめて会社員として生きていこうとしか考えていなかった私にとって、人生そのものを変えてしまう大きな転換点だった。

Jリーグが発足してわずか5年後、日本代表は初めてワールドカップ（W杯）の舞台に立った。以後、ずっとW杯に出続けているし、今では日本の代表チームやクラブチームがアジアのチャンピオンになるまで強化が進んでいる。正直、発足当初は続くのかどうか懐疑的だったJリーグが日進月歩で成長し、世界の扉を開いたということだろう。

サッカーという競技に目を転じると、平成の30年余で急速にスピード化が進んだ。攻撃でも守備でも展開がスピーディーになっているし、シュートスピードも上がっている。平成最後のW杯となった昨年のロシア大会では、VAR（ビデオ・アシスタント・レフェリー）が導入されて話題になったが、もはや人間の目だけでは追いつけないと言っていいだろう。

私は少し前まで、サッカーにVARなどのテクノロジーを持ち込むことに反対だった。手が使えないサッカーは本来、不確実性が高いスポーツだ。サッカーの本質には誤審も含まれていると思っていたからだ。

しかし、最近は考え方が変わった。開催中の欧州チャンピオンズリーグ（CL）でも判定にVARが用いられているが、映像による判定で勝負そのものが変わってしまうようなケースも少なくない。スピードと確実性が高まり、そのことに優れた隙のないチームが上位を占める現状を考えれば、新時代はサッカーによりテクノロジーが導入されていくことになると感じている。

平成9年限りで現役生活を終えた私は、スペインへの指導者留学を経て平成13年に新潟の監督として指導者の歩みを始めた。平成20年には北京五輪男子代表監督として日の丸を付けたチームを率いた。松本山雅の監督に就任したのは平成24年。この信州に初めてJリーグクラブが誕生したのと同じタイミングだ。

J1でわれわれが対峙《たいじ》しているクラブの大半は、平成の前の昭和から活動の蓄積や歴史的な背景がある。それらに比べれば、松本山雅の歩みは始まったばかり。平成をどう生きたかということよりも、令和の新時代をどう生きるかが大切になるのではないか。

新時代を迎え、私自身も初心に帰って身が引き締まる思いを抱いている。できることは、目の前の時代を一生懸命に生きること。監督という立場では、時代の先を見るのではなく、しっかりと足元を見つめて新たな時代を歩んでいきたい。

（5月4日）

■フル代表・前田に一層の成長を期待

南米選手権（6月14日～7月7日・ブラジル）に出場する日本代表に（前田）大然が選出された。われわれもJ1のチームだから、そういう選手が出てきたのは当然の立場だとも言える。それでも、大然が高校を卒業して松本山雅に入り、いろいろなことを経験して成長し、フル代表までたどり着いたことは監督としてうれしく思う。

高校3年生の大然が、われわれのチームに初めて練習参加したのは2015年の年末も押し迫った時期。進路が決まらず、他に行くところがないという状況だった。短期間で全ての力を把握できたわけではないが、「ゴールに直結するラン（走り）ができる」という第一印象を持った。これは選手として当たり前に聞こえるかもしれないが、実はFWとしてすごく大事なこと。大然はその感覚を持っていた。

プロ1年目は不器用さだけが目立った大然を成長させたのは、試合経験だ。外で経験を積ませるため2年目にJ2水戸に期限付き移籍し、そこで数多くの試合を経験した。自分のストロング（強み）やプレースタイルを見つけ出し、自分なりの感覚を持つようになった。3年目に松本山雅に戻り、チームのスタイルの中に入ってこられるようになった。

私はこれまでに、足が速かったり技術に優れていたりする選手を何人も見てきた。しかし、その全てが選手として大成したわけではない。選手の成長を大きく左右するのは、その選手が持っている人間性に他ならない。大然には、吸収しよう、成長しようとする姿勢がある。真面目で物事を前向きに捉え、課題を自分自身で感じ取ってすぐに改善しようと取り組めるし、何よりも人の話を素直に聞くことができる。その人間性が、大然の成長を支えていることは間違いない。

今や主力選手の大然が、日本代表活動のため短くない期間、チームを離れることは短期的に見れば松本山雅にとってマイナスだ。選手層の厚いビッグクラブと、われわれのようなスモールクラブとでは、主力選手1人の存在感は比重が全く違う。

現場の全責任を負う監督として、大然を代表に送り出すことにジレンマがあるというのが正直な思いだ。

しかし、大然個人やクラブの将来を考えれば、日本代表に送り出すことは間違いなくプラスになる。高い志を持ってサッカーに取り組む選手のチャンスを、クラブの都合でつぶしてしまっていいわけがない。

（08年）北京五輪男子代表監督を務めていた時、私は選手を選ぶ側の立場だった。選ぶというよりも、それぞれのクラブに対して選手を貸してもらうという感覚に近い。国内各地のJクラブ、時には欧州にまで足を運び、クラブの関係者と交渉し、頭を下げて回った。拘束力がない大会や合宿に選手を出してくれないクラブもあった。ある意味、それは当然の話。優勝争いや残留争いをしているクラブにとって、大事な時期に主力選手を代表活動で欠くことは死活問題だ。日本サッカー協会が勝ち点を補塡《ほてん》してくれるわけではないのだから。

J1での生き残りを懸けて戦っているわれわれにとって、無駄にできる試合は一つもない。その状況で大然を欠くことの影響の大きさは、改めて言及するまでもない。それら全てを踏まえて、大然には、いい経験をして成長して帰ってきてもらいたい。帰ってきた時に、松本山雅でのポジションがなくなっているような状況を、私も選手たちもつくらなければいけない。

（6月7日）

■外国人選手・指導者に学ぶこと

1993年にスタートしたJリーグには当初、世界的なスター選手が数多くやってきた。現役選手として主に中盤でプレーしていた私は、元ブラジル代表のジーコ（鹿島）にワンタッチで頭上を破られるパスを通され、元オランダ代表のファネンブルグ（磐田）からはボールを奪い取ることができなかった。そういったスター選手を直接見て、対峙《たいじ》できたことは、選手として大きな経験だった。

一時期、Jリーグから世界的なスター選手がいなくなったが、現在はJリーグが「DAZN（ダ・ゾーン）」と放映権の大型契約を結んだことで各クラブへの配分金が大幅に増え、イニエスタ（神戸）やフェルナンドトーレス（鳥栖）らスター選手がJリーグでプレーするようになった。彼らは今季前半戦の試合で、われわれ松本山雅のホームスタジアムにもやって来た。現在は海外クラブに活動の場を移す日本人選手が増えているが、Jリーグでプレーする外国人選手から得るものは以前と変わらずあるはずだ。


私は選手から指導者へと立場が変わっているので、Jリーグ発足当初に目の当たりにした光景と、現在のそれとでは見え方が違う。スター選手が在籍するチームには、スターシステムと呼ばれる戦術が存在する場合がある。スター選手をチームの中心に据え、その選手ありきのチームづくりをすることだ。

例えば、アルゼンチン代表のメッシ（バルセロナ）は、代表チームでもクラブチームでもメッシありきのチームがつくられている。つまり、彼の持ち味を最大限に生かすために、周りの選手が守備の負担や攻撃の役割分担などをメッシに合わせるやり方だ。世界最高峰の選手の一人でもあるメッシには、それだけの価値があるということだが、チームが好成績を残せるかどうかは別の問題だ。

何も世界的なスター選手に限った話ではない。われわれを含め、そのチームにおけるスター選手はどこにでも存在する。その選手をチーム内でどう位置付け、どう強化に生かしていくかは指導者にとって難しいテーマだ。

Ｊリーグ、特にＪ１では多くの外国人指導者が指揮を執ってきた。その中で私が最も影響を受けたのは、ボスニア・ヘルツェゴビナ出身で日本代表監督を務めたオシムさんだ。私は（２００８年）北京五輪に臨む年代別日本代表監督を務めながら、オシムさんの下で代表コーチとして多くのことを学ばせてもらった。

オシムさんは、日本人の特性や、選手の個性を生かしたチームづくりをしようとしていた。「ボールホルダー（保持者）を越えていけ」「局面で数的優位をつくらなければ点は取れない」と言っていたことが印象的だ。私も、クラブのバックグラウンド（背景）や選手の能力を大事にしたチームづくりに努めている。

松本山雅は他のＪ１のクラブに比べて規模は大きくないが、選手たちがハードワークをしてサッカーを楽しもうとするオリジナリティーが築かれているように思う。そういうサッカーをしている選手たちを見ることは、監督としての喜びでもある。

その姿勢を出せなかった6月の清水戦や仙台戦のような試合は、もうしたくない。躍動感のあるサッカーをピッチで表現していきたい。

（7月5日）

■Ｊ１生き残りへ覚悟を持って

当たり前のことだが、何事にも覚悟を持って取り組めるかどうかで真剣さの度合いが変わってくる。ポルトガル1部マリティモに期限付き移籍した（前田）大然にも、「甘えがあったら絶対にうまくいかない。自分の生きる道はここにしかないと覚悟を持って臨まなければいけない」と話して送り出した。新しい環境に飛び込むためには大きな覚悟が必要だ。

私は今回、移籍しようとする大然を慰留した。チームを預かる監督の立場と、大然にとって最善の将来を考える指導者の立場の双方から、日本のトップリーグで試合に出ている現在の状況の方が彼を成長させると思っているからだ。それでも、大然は海外に行く決断をした。大然は芯がしっかりしている人間だ。海外移籍で調子に乗るようなことはないだろうし、近い将来と遠い将来の目標を持っている。だから私は、最後は大然の覚悟を尊重した。

大然と入れ替わるように、阪野と高木の2選手が新たに加入した。ともにJ2クラブからの移籍だが、山形でプレーしていた阪野はチーム最多得点をマークしていた中心選手だ。このタイミングで新しい環境に身を置く決断をしたのは、自分が背負っているものを力に変える覚悟があるのだと捉えた。

まだ短い時間だが、阪野の姿勢を見ていると自分自身に甘えがない。そういう心意気がある選手を私は重宝したい。試合で起用するかどうかは別の問題で、今後の彼のパフォーマンスに懸かっているが、阪野の強い気持ちがチームメートに伝わり、チーム全体が活性化することを期待している。

現場の全責任を負っている私にも覚悟がある。よく「目標の勝ち点はいくつですか」と聞かれるが、その質問に答えることは難しい。私にとっては目の前の1試合が全て。2週間後の対戦相手に目を向けることもできないのに、1年間でどれだけの勝ち点を獲得したいかなど考えられない。

7月の第1週は水曜日に天皇杯全日本選手権の八戸戦があり、日曜日にJ1リーグ戦の札幌戦が控える日程だった。J1で生き残ることが最大の目標であるわれわれにとって、八戸戦よりも札幌戦の方が大事だということは皆さんにも分かっていただけるだろう。しかし私は、八戸戦の前に札幌戦の対策を練るようなことはできなかった。結果的に負けてしまったが、八戸戦のぎりぎりまで勝つ可能性を少しでも高める努力をしていた。

（2012年に）松本山雅の監督を引き受けた時も覚悟が必要だった。私は新潟と湘南を率いてJ1でも戦い、（08年）北京五輪では男子代表監督として国際舞台も経験した。それと比べ、当時の松本山雅はJFL（日本フットボールリーグ）からJ2昇格を決めたばかりの未完成で発展途上のクラブ。言ってみれば、ゼロからチームをつくっていくという難しさがあった。最初からJ1昇格がマスト（必須）の条件だったなら、私は松本山雅の監督を務める覚悟が持てなかったかもしれない。

松本山雅は今季、「境界突破」という目標を掲げている。それは、J1に初めて挑んだ4年前は果たせなかった、J1に生き残るという目標だ。そのために、私もスタッフも選手たちも、目の前の試合に向けて全力を尽くしている。開幕前から分かっていたことだが、状況は厳しい。現状を打破するためにできることは、毎日の練習の積み重ねしかない。目標を達成するために何ができるか。それを日々考え、覚悟を持って取り組んでいく。

（8月2日）

■クラブの価値高める「トップ15」

夏の移籍期間で4人の選手を獲得したが、他にも声を掛けた選手はいる。ただ、結論から言えば他クラブと競合した選手は1人も獲得できなかった。それは、シーズン前の編成でも同じ。ある日本代表経験者には、われわれが最初にオファーしたが、後から獲得に乗り出した数クラブと競合し、われわれを選んでもらえなかった。これが、現時点での松本山雅の立ち位置だ。

Ｊ１で優勝争いができる、資金的に恵まれている、クラブの規模や練習環境はどうか……。選手が自分自身の将来を考えて身を置くクラブを選ぶ時、われわれはＪ１の中でボトム（底辺）だろう。何もクラブだけの問題ではなく、私が長く指揮を執っていることによるマイナスがあるのかもしれない。

昨季のＪ２で初めて優勝し、今季は４年ぶりにＪ１の舞台に立っている。周囲の下馬評はどうだったか。お世辞にも高かったとは言えないだろう。共に昇格した大分は、予算規模こそ松本山雅より小さいかもしれないが、Ｊ１での経験値は高く、育成組織からは西川（浦和）や清武（Ｃ大阪）、東（ＦＣ東京）ら日本代表選手も輩出している。大分と競合して獲得できなかった選手もいる。

この立ち位置の違いは、強いチームをつくる上で苦しい。獲得したい選手に声を掛けて、返事を待っている間は同じポジションの他の選手に声を掛けるわけにはいかない。後日、オファーを断られた時には既に移籍市場に有望な選手が残っていない。それが現状だ。

しかし、選手が100人いたら100人とも同じかと言えば、決してそうではない。われわれのような立ち位置のクラブだからこそ、やりがいを感じてくれる選手もいる。前回の「RESPECT」でも触れたが、この夏にJ2山形から移籍した阪野は、シーズンの残り半分でもJ1で自分の力を試してみたいと考えたのだろうし、北京五輪で共に戦ったミズ（水本）は、J1でもう一花咲かせたいという気持ちが強かったのだろう。いろいろな条件を度外視し、このクラブに来てくれた選手には感謝の思いがある。同時に、その強い思いをくみ取って残りのシーズンを戦わなければという私自身の思いも湧いている。

このクラブの将来像を描くことは、監督である私の役割ではない。それでも、2012年に参戦したJリーグでそれなりに成績を残し、環境や立ち位置を少しずつでも変えてきたことを考えれば、われわれにもできることがある。つまり、J1に生き残ることだ。

「DAZN（ダ・ゾーン）」による多額の放映権料の配分は、J1とJ2とでは大きな差がある。その資金を得続けるメリットは非常に大きい。J1に残留すれば選手からの見られ方も変わる。かつて私が監督を務めた新潟は、初のJ1昇格から14年間、J2に降格することなくJ1で戦った。クラブの規模は、現在の松本山雅と大差なかったはずだ。J1に生き残り続けることの重要さは身をもって分かっているつもりだ。

リーグ戦は残り10試合を切り、そろそろカウントダウンが始まるだろう。17位という現在の順位は、シーズン前に掲げた目標「トップ15」に届いていないし、このままではJ1に残留できないことも分かっている。チームを預かる人間として、残りの短期間でもチームが向上することだけを考え、目の前の勝利に向かって全力を尽くす決意は変わらない。

（9月6日）

■勝利へ――スタッフ総出の分析

名古屋や横浜M、札幌など、J1には自分たちがやりたいサッカーを前面に出して戦うチームが多い。しかし、われわれのように地力で劣るチームはそうはいかない。自分たちの良さや持ち味を見失わないようにしつつ、相手のやり方を踏まえて対峙《たいじ》しなければ、勝利はおろか勝ち点を得ることも難しいのが現実だ。

試合を重ねれば重ねるほど、そのチームの特徴が見えてくる。どういうボールのルートで攻撃を組み立て、どういう形でチャンスメークしているのか。それをわれわれスタッフが分析し、ミーティングで選手たちと共有するようにしている。

例えば、相手のカウンター攻撃について。先日対戦したFC東京はJ1で最もカウンター攻撃の力があるチームだが、それを2トップの2選手でやってのける。同じカウンター攻撃でも、次に対戦する鹿島は前線の4人で仕掛けてくる。特徴が異なるチームに対して、同じように準備してもうまくいくはずがない。だから、試合ごとに微調整を加えている。

相手の分析は、まさにスタッフ総出の作業だ。主に相手のセットプレーを見るのが（GKコーチの中川）雄二、オープンプレーを見るのが（コーチの今崎）晴也。PK一つ挙げても、どういう傾向があるのか5年前までさかのぼって映像を確認する。対象選手が外国人なら、海外リーグでプレーしていた当時の映像も探してチェックする。試合中にPKのシーンがなければ無駄骨に終わるが、決しておろそかにはできない作業だ。

分析して分かったことを選手たちに全て伝えるわけではない。私とコーチとで分析した内容を整理し、攻撃面で最大三つ、守備面で最大二つの特徴を絞り出す。分析で得た情報の何を残し、何を捨てるのかという判断が大切になってくる。

当然だが、分析を踏まえた戦術がうまくいくこともあれば、うまくいかないこともある。相手も勝つために必死で、われわれの特徴だって相手に分析されている。

9月の神戸戦は、相手が中央でボールを動かして攻撃を組み立てるラインを消す戦術で臨んだ。狙い通り相手ボールをサイドに追いやったが、1対1の局面で相手選手の能力に上回られ、前半のうちに失点してしまった。「個の力の差」だと言われてしまえばそれまで。それが、国内最高峰リーグのJ1で戦う厳しさだ。

日本でワールドカップ（W杯）が開催されているラグビーやバレーボールの試合を見ていても、相手の弱いところを突こうとする戦術がよく分かる。対戦相手が存在する競技は、自分たちのことだけを追求しても好結果を得られないということだ。

われわれは分析に力を入れているチームだが、それでも相手を踏まえて決める戦術の割合は試合の中の2～3割程度。残りの7～8割は自分たちの力を発揮できるかどうかだ。狙い通りサイドを崩しても、クロスが味方の頭を越してしまえばゴールにはならない。チームで共有した戦術を理解できていない選手が1人でもいたら、そこで水漏れが起きてしまう。やはり最後は、選手たちのパフォーマンスに懸かっている。

勝つ可能性を1％でも高めるために、われわれは入念に準備をしている。選手たちはピッチで力を発揮できるようにトレーニングを重ねている。日々、全力を傾けて、次の試合に向かっていく姿勢はこれからも変わらない。

（10月11日）

■被災地へ――スポーツを通じて希望を

台風19号によって、長野県内が甚大な被害を受けた。私たちが活動する松本平は大きな被害はなかったが、犠牲になった方や今も苦難を強いられている方を思うと心が痛い。

15年前、私が当時J1の新潟で監督を務めていた時に中越地震が発生した。20

04年10月23日の夕方。私たちチームは、翌日に敵地で行う磐田戦に備えて浜松市の宿泊先に向かっている時だった。私や選手たちが、新潟県内の家族と連絡が取れたのは深夜になってから。新潟へ通じる道路や鉄路は寸断されていたので、磐田との試合を終えると空路で新潟に戻った。

次に控えていた試合の中止が決まり、私たちスタッフはクラブの備品だったタオルマフラーやフリースなどの衣類を車に詰め込んで被災地の小千谷市に向かった。体育館に避難している皆さんの切羽詰まった様子を見て、この人たちを助けたいという強い思いが湧いてきたことを覚えている。

新潟市の被害は大きくなかったが、それでもホームスタジアムが損壊して修復が必要になった。リーグ戦が再開されても私たちは敵地を渡り歩いたり、東京の国立競技場でホームゲームを開催したりした。ようやくホームスタジアムで試合ができたのは1ヵ月後。被災地の子どもたちを招待し、スタジアムは3万人を超えるお客さんで埋まった。「がんばろう新潟」という思いで一体となった会場の雰囲気はすさまじく、地震の後は負け続きだったチームはFC東京を相手に4－2で勝った。

東日本大震災が起きた11年。そのシーズンに4位と躍進したJ1仙台を指揮していた手倉森監督（J2長崎監督）は「選手に（被災者の）気持ちが乗り移っている。何とかしなければという思いが」と話していたのが印象的だ。ホームタウンが苦しんでいる時だからこそ、私たちはスポーツを通して大変な思いをしている皆さんに元気や勇気を与えようと一丸となれるのだと思う。

台風19号による洪水被害で練習場が使えなくなってしまったAC長野パルセイロは、被災直後の試合は中止にしたが、10月末にホームゲームを再開した。復興途上での再開には賛否両論あるのかもしれないが、私は再開してよかったと思っている。私たちは自然災害に屈しない、できるんだということを示さなければいけないからだ。

長野県内はサッカーだけでなく、バスケットボールやバレーボールなどのプロ活動も盛んになって、それらのクラブが手を取り合ってチャリティーTシャツの販売を始めた。スピードスケートの小平奈緒さんは、SNS（会員制交流サイト）を通じて被災者を励ましている。被災した皆さんは、今は生活を立て直すことが全てで、スポーツや娯楽どころではないだろうが、私たちのようにスポーツに携わる人間は、被災した皆さんや地域のために少しでも役立ちたいという思いを持って活動に取り組んでいる。

私たちにできることはやりたい。一方で、やれることは限られているとも思っている。ならば、私たちは私たちの使命を全うすることが第一だ。つまり、松本山雅で言えば目の前の試合に全力を尽くし、最後まで諦めない姿勢を示すことだ。私たちは、多くの人たちから注目され、多くの人たちに夢や希望を与えることができる立場だ。そのことを自覚し、皆さんに明日へのエネルギーを与えることができるように活動していく。

（11月7日）

■多くが詰まった8年間……感慨深く

8年間もの長きにわたって務めた、松本山雅の監督から退くことを決めた。スタッフルームに積み上げてあった、対戦相手を分析した8年分の資料をまとめると段ボール6箱分にもなった。それらを全て捨てながら、感慨深い思いもしている。

監督という人間は本来、追い出されるように、夜逃げのようにクラブを出ていくものだ。今季、われわれが戦ったJ1を見ても、称賛されているのは優勝した横浜Mくらい。2位のFC東京も3位の鹿島も、試合が終わった後はブーイングを浴びている。「境界突破」の目標に到達できず、チームを去ろうとしている私に対して、松本山雅に関わる皆さんは温かな声を掛けてくれ、退任記者会見まで開いて送り出してくれる。私を惜しんでくれる人がいることをうれしく思う。

大町市に慶応大時代の同級生が住んでいて、試合もよく見に来てくれた。私が退任することを知り、「本当にわずかの差で天国と地獄になるんだな」とメールをくれた。Ｊ１では、外から見えるわずかの差が実は大きい。それを、選手たちは肌で感じたはずだ。

今季、私に与えられた使命は「境界突破」。つまり、Ｊ１に生き残るということだ。だから、私は目の前の結果にこだわり続けた。その目標が達成できなかった責任は、現場のトップである私にあることは間違いない。しかし、目標に到達するために私が選んだやり方に対して、「勝利至上主義」「若手選手を育てなかった」と批評されることは正直、つらい。私は私の使命のために全身全霊を傾けた、ということは書き記しておきたい。

退任が決まった後の取材や記者会見で、記者の皆さんから「８年間で一番の思い出は」という質問を多く受けたが、何か一つを選んで話をすることは難しい。それくらい、この８年間には多くの出来事が詰まっている。

つい最近までアルバイトをしながらサッカーに取り組んでいた選手も交じった集団を預かり、筋力トレーニングをする施設もなければ、決まった練習場もなくて公園の片隅でボールを蹴るような環境から出発した。成績を残すことによって少しずつ周りが動き始め、天然芝の練習場やクラブハウスができた。クラブスタッフの頑張りで資金も増え、Jリーグにおけるスモールクラブからミドルクラブと言える規模に成長した。

松本の人たちは総じて温かく、まるでファミリーのようだ。街もきれいで住みやすい。われわれの活動は、全国ニュースで報じられるような大きなトピックではないかもしれないが、多くの人に注目してもらい、サッカーやスポーツが文化として日常生活に広がったことを心からうれしく思っている。

就任1年目から続いた、この「RESPECT」も今回が89回目。たくさんの人に読んでいただいたからこそ、途切れることなく8年間続けてこられたのだと思う。格好をつけず、ストレートに自分の言葉で本音を書いてきたから、読者の気分を害したこともあったかもしれない。それでも、私が発信したことでサッカーの裏側や監督業の側面を知り、社会人として何かヒントや刺激を得てもらえたのなら、至上の喜びだ。

今回で最終回、と言うつもりはない。またいつか、このコラムで私の率直な思いを読んでいただける日がくることを期待している。

（12月14日）

覚悟と面白さの8年間　～あとがきにかえて～

松本山雅の監督を辞めて1ヵ月余り。珍しく、自分のリズムで生活しているという感じだろうか。シーズンが終わっても、次を考えると1日も無駄にできないのが監督という仕事で、選手のスカウトや獲得に奔走してきたが、この冬は録りだめた映画を見たり、本を読んだり、犬の散歩をしたり……。シーズン中はほったらかしの家族と、平泉への旅行も楽しんだ。監督生活を続けていたら、できないようなことをして過ごしている。

元来没頭型の人間なので、一つのことに向き合うと、他のことを自分で遮断、排除してしまう。「休みなんだから、映画を見に行けばいいじゃないか」と思うかもしれないが、自分は「休みだからこそ、サッカーのことでやれる仕事があるだろう」と考えてしまう。そんな時に映画を見ても、きっと目にも耳にも入ってこない。結局、息抜きできない生活が続いてしまう。

この間にも、海外サッカーの試合解説など、仕事の依頼はもらっている。放っておいてもらえないことはありがたいことだが、今は「もう少し待ってほしい」と応えている。今まで会えなかった人に会って見識を広めたり、海外に勉強に行ってみたりしたいとも思っている。

２０１２年の監督就任から書き続けてきた「ＲＥＳＰＥＣＴ」は、２０１８年12月の最終回をもって、89本となった。

最初のＪ１挑戦の翌年、２０１６年に一度、本にまとめてもらったが、今回ありがたいことに続編の話をいただいた。監督を辞め、新体制も動き出したこのタイミングで、前任者の書き残した文章を残すことが果たしてよいことなのか――との思いは当然あった。が、続きのリクエストが少なからずあったと聞いてうれしかったし、本来続編を出すのは簡単ではないことも分かっているので、信濃毎日新聞社から「ぜひ」と言われたことも、とてもありがたかった。多くの人が読み、参考にしたり、共感したりしてくれたからこそである。１作目をお持ちの方は、きっと続編も手にしてくれるのではないか――と期待もしている。

振り返れば、よく書き続けられたものだ。サッカーに関するほとんどのテーマには触れたから、最後の方はネタを考えるのも少し苦労した。サッカーの戦術のような教科書的な内容なら、図解を入れるなどしていくらでも書きようはあるだろうが、一般新聞のコラムでそれをやっても意味がない。

だから、サッカーの周辺の話題を中心に取り上げ、それが長い期間で似通ってくるのは仕方ない。が、海外に挑戦する選手のことなど、タイムリーな話題に触れることで、そこに自分の考えを反映させることはできたと思っている。1年違うだけで話が古くなってしまうテーマもあるが、その時、その瞬間の産物であるから、当時を思い浮かべながら読んでもらえるのもよいと思う。

もちろん、書いていることの全てが正しいとは自分でも思っていないし、逆に言うと、きついことも言っているだろう。今の時代に反駁《はんばく》していることもあるかもしれない。ただ、真剣にサッカーに向き合うからこそ、自信を持って文章化したことだから、発してきた内容に対する後悔はない。

監督の仕事は、試合の2時間だけではないことは、1作目でも触れた。試合以外のあらゆる時と場所で常に考え、行動しているという監督の仕事に思いを寄せてもらうというのは、あまりない切り口ではないだろうか。特に、今作で収録した後半の4年間は、チームもレベルアップして期待値も上がり、それに応えるためのきめ細かさも増している。そんなところを、読んで感じとってもらえれば幸せだ。

松本山雅の前に監督を務めた湘南は、自分自身がプレーヤーでもあったから、チームや土地の雰囲気も分かったが、松本は全く縁もゆかりもない土地だった。チームも、自分自身も、真っさらな状態から耕していかなければならなかった。それだけに覚悟も必要だったが、面白さもあった。

松本には住民票も移し、正真正銘の一市民として地に足を付けて暮らしてきたので、思い入れも深くなった。街自体がきれいだが、商店街などに掲げられる幟《のぼり》も毎年きちんと更新されるし、3年ぐらい前のポスターが色あせて剥《は》がれているということもない。サポーターを含め街全体に「熱」があった。それをどう生かすか、考え続けることができた8年だった。

普通、結果を残せず辞めようものなら、追い出されるようにその土地から出ていくのが、監督というものである。なのに松本では、皆さんから「ありがとう」との声を掛けてもらった。こんなに長く松本にいられたのは、地域の大勢の方にお世話になったからだ。お礼を言いたいのは私の方だ。いくら感謝しても、感謝しきれない気持ちでいっぱいである。

反町　康治

２０２０年１月

【著者プロフィール】

反町 康治 Yasuharu SORIMACHI

1964年3月、埼玉県出身。静岡・清水東高、慶應義塾大を経て全日空入社。会社員のまま日本リーグ1部の全日空サッカークラブとJリーグの横浜フリューゲルスでプレーし、1990、91年に日本代表として国際試合に出場。94年にプロ契約でベルマーレ平塚（現・湘南ベルマーレ）へ。97年現役引退。Jリーグのクラブでは新潟（2001～05年）、湘南（09～11年）で監督を務め、いずれもJ1へ昇格。08年にはU－23日本代表（北京五輪出場）を率いた。松本山雅FCにはJ2昇格の12年に監督就任し、14年、18年の2度J1昇格に導いた。J1を戦った19年を最後に松本山雅の監督を退任。

題字（手書き）　反町康治
協　力　松本山雅フットボールクラブ
　　　　株式会社松本山雅
写　真　Jリーグ

装丁・章扉　酒井隆志
編　集　内山郁夫

RESPECT《リスペクト》 2　監督の挑戦と覚悟

2020 年 4 月 30 日　初版発行

著　者　反町康治《そりまちやすはる》

発行所　信濃毎日新聞社

〒 380-8546 長野市南県町 657 番地
TEL026-236-3377　FAX026-236-3096（出版部）
https://shop.shinmai.co.jp/books/

印刷製本　大日本法令印刷株式会社

ISBN978-4-7840-7365-8 C0075